敏感动物

我们为什么那么[illegible]人的脸色?

[韩] 朴珍英 著　千太阳 译

Sensitive Animals

Why do we so care about other people's face?

古吴轩出版社

中国·苏州

图书在版编目（CIP）数据

敏感动物：我们为什么那么在意别人的脸色 / (韩)朴珍英著；千太阳译. — 苏州：古吴轩出版社,2015.2
ISBN 978-7-5546-0337-6

Ⅰ.①敏… Ⅱ.①朴… ②千… Ⅲ.①心理交往—社会心理学—通俗读物 Ⅳ.①C912.1-49

中国版本图书馆CIP数据核字(2014)第237907号

责任编辑：徐小良
封面设计：尚世视觉

书　　名：敏感动物：我们为什么那么在意别人的脸色
著　　者：[韩]朴珍英
译　　者：千太阳
出版发行：古吴轩出版社
地址：苏州市十梓街458　邮编：215006
Http://www.guwuxuancbs.com　E-mail：gwxcbs@126.com
电话：0512-65233679　传真：0512-65220750
出 版 人：钱经纬
印　　刷：固安县保利达印务有限公司
开　　本：710×960　1/16
印　　张：14.75
版　　次：2015年2月第1版　第1次印刷
书　　号：ISBN 978-7-5546-0337-6
著作权合同登记号：图字10-2014-390号
定　　价：32.00元

如有印装质量问题，请与印刷厂联系。010-64926437

卷首语

社会心理学，用科学的方式解读人际关系的奥秘

每当有人问我："学什么专业的？"我就会回答："社会心理。"而大部分人的反应无外乎如下几种：

"是心理咨询吗？"这是最常见的反应。

"来猜猜我在想什么。"有这种反应的人一般会把心理学当作读心术。

"血型如何如何。"这些人把心理学当成了心理测试。

我们在和各类人群打交道的时候，有没有产生过"那个人到底为什么会有那种举动和那种心理"、"换成是我的话肯定不会那么做"等想法？有没有觉得自己在一个集体中显得格外渺小？社会心理学就是针对这些疑问通过科学研究（以准确数据为基础的严格考证）的方式探索答案的学问。我们可以认为社会心理学是研究与他人相处的过程中出现的种种问题的科学。

社会心理不仅会涉及我们在和他人相处的过程中形成的自尊心、自我认同、自我控制等与自我有关的问题，还会涉及与社会生活相关的多种问题（孤独感、孤立感、魅力、好感及人际交往技巧，如读心术、看脸色等），朋友关系、恋人关系、上下级关系等具体人际关系中发生的各类问题，以及只要有人的地方就必然会发生的其他各种社会问题（固定观念、差别化），等等。

在学社会心理的过程中，最让我感到惋惜的一点就是这一学科和大众之间的隔阂有十座喜马拉雅山那么大的事实。在市面上无数的心理学大众读物中，我们很少能看见经过科学考证的事实，大部分内容都只限于心理咨询、临床领域的故事或作者的个人经历介绍等。有些关于研究结果的文章都是几十年前的研究，还没有得到最新的修订。正因为如此，学界与大众之间的隔阂只可能越来越大。

前文也提到过，社会心理学就是研究人们在社会生活的过程当中产生的各种疑问的科学。因此，其中包含了很多适用于实际生活的内容。然而，现实情况却是，这些内容只被掌握在少数专业心理学家手中，并没能广泛传播给大众。这是不是有点不妥呢？

我个人也得到了心理学带来的很多帮助，所以更希望将这些心理学知识分享给大众。

为了进一步走近大众，我开通了社会心理学博客（blog）和推特（twitter）账号，而且将其中对我的人生起到重要影响的宝贵知识，尤其是那些我十分渴望与大众分享的内容整理到了这本书中。

非常感谢一直以来用温暖的话语和美味的食物给予我动力的人们。我希望自己今后也能成为一座连接心理学知识与大众的“桥梁”。欢迎大家都从这座桥梁上通过。

目　录

Contents

Part3 曾经迷惑不解的我们

Part 1
连自己都不太了解的自己

不分昼夜地坚守在工作岗位上的职场人士们，夜深人静时还在与困倦斗争的考生们，为了毕业证、托福成绩单等各种证书和就业孤军奋战的大学生们……我们的周围有很多像他们一样在认真生活的人。我们时常会对他们说一些激励的话，但偶尔脑海中也会浮现出一些疑问：他们为什么要那么努力地生活？究竟是为了什么？是为了挣钱，还是为了实现自我价值？

“为什么要如此努力地生活？”对于该问题的答案，我们可能会列举出各种理由，从吃饱穿暖等表面问题到深层的自我价值实现。然而，学者们认为，人们选择努力生活最根本的原因是“渴望得到他人认可”。

01 痛苦也无所谓，只要能在一起生活

只要能在一起生活

大家来想象一下，如果有一天世界上大部分的人都消失了，偌大的地球上只有自己一个人或者是只有几个人，那么，你在这样的状况下会怎样生活下去呢？你还会像往常一样早早起床、洗漱、打扮，然后专心研究学问、努力进行自我开发吗？换句话说，即使没有了你所认为的大企业中那些很了不起的人的存在，你也会为了进入大企业工作而想尽各种办法吗？即使漂亮、帅气的外形已经失去了欣赏者，你也会毅然地躺到整形手术的手术台上吗？如果世界上不再有认可我们的成就的人存在，我们依然会像现在一样努力地生活吗？

没人看的话，洗漱都会省略

心理学家们认为，无论出于有意识或无意识，我们日常生活中的任何行为都是因为意识到他人存在而产生的。

如果他人不存在的话，洗脸、刷牙、梳头等行为就不会像现在这样频繁了。不仅如此，如果没有他们的注视，我们为了取得成功而付出的努力就很难持续下去。

比如说，有些人为了成为有钱人，努力工作，勤俭节约，而这些行为的原动力，比起金钱本身，更多的在于名誉和他人投来的尊敬的目光。如果积累的财富越多，就越容易招致世人的无视和贬低的话，人们就不会像现在这样渴望财富了。再比如，假设世界上所有的人都不再喜欢音乐了，这样一来，不管生活在这个世界上的人多么有音乐才华，他们还能够通过音乐活动感受到快乐、实现自我价值吗？我想那应该是很困难的。

天才般的才能也是如此。让我们假设你具有可以把文字左右调转过来书写的才能，而且为了把这种书写方法教给别人，你还编写了三本书。这很明显是一种独一无二的伟大才能。但是，你写的书一本都没有卖出去，没有人对你的才能感兴趣。如果结果是这样，你还会对自己的这项才能感到满足吗？说得再残酷一些，任何人都不知道的才能被称为“才能”的可能性是非常小的。才能只有得到人们的认可，被人们需要，才可以发挥出它的真正价值。这就像在丛林深处生活的原始部落的人认为，擅长狩猎、善于在没有任何路标的丛林中寻找出路的人要比擅长解答数学问题的人更聪明。

综上所述，得到他人的认可是促使我们的生活向前发展的最重要的动力之一。

从洗漱这样的日常小事到可以称为人生目标的重要事情，一切都是因为有他人的存在才会发生。这就是说我们都是为了得到他人的认可才如此努力地生活。他人的认可为什么会如此重要呢？

为了生存而选择的欲望

我们人类是比较弱小的动物。力量不强，速度也一般，成长到可以完全独立的程度也需要很长的时间，总之人类是非常不适合独自生存的动物。所以大自然为这种弱小的动物提供了一种名为“群居”的生存战略。而实现这种战略的最轻松的方法便是运用“隶属需求（Neet to Belong）”。人类这一物种天生无法忍受独处，只有得到他人爱戴和认可时才会感受到幸福。

在这种欲望的作用下，人会自然而然地想到“今天也要多在乎周边的人”，就算有人提议“如果能在与世隔绝的房间里生活一辈子，一个人就会被奖赏百亿”，我们还是会想方设法与他人过群居生活。所以给人类附上隶属需求才是让人选择群居的最佳手段。

心理学家经常提到的“人是社会性的动物”正是这种含义。这不单单说明人是形成社会的动物。为了生存而追求他人的认可，渴望被别人接纳，所以才会在乎他人的眼光，做出迎合他人的举动，这才是真正的社会性动物。因此作为社会性动物的人类会时时刻刻留意他人的需求和他人的想法。即便如此，人们还是会经常抱怨“知人知面不知心”，一旦得不到他人的认可或被无视，就会感到伤心甚至愤怒。不擅长解数学题的人一般不会受到异样的注视，但那些天才的数学家如果出现自闭症状就会被诊断出问题来。

就这样，身为社会性动物的我们在隶属需求本能的作用下自然地集聚到一块生活，并且具备了为了适应社会生活所必需的各种能力（看他人脸色、调节情绪等）。然而，另一方面，我们也承受着很多痛苦。有些人过分在乎别人的目光，甚至失去了自我，还有些人因被他人拒绝而陷入孤立的境地，感到很孤独。正因为如此，萨特（Jean-Paul Sartre）才会说“他人即地狱（Hell is other people）”。

正因为人类是社会性动物，人类才会产生特有的烦恼，接下来就让我们了解一下这些内容吧。隶属需求和由其引发的各种事情能够帮助我们理解人类这种动物。若想更好地理解自我和他人，就有必要了解这些内容。

孤立感会瞬间降临

先来说一说长期以来一直与人类相伴的孤立感和孤独感吧。这个世界上有很多人的口头禅是“孤独是我的朋友”。此时此刻，有不少人在寻找能帮助他们摆脱寂寞的姻缘，不断地要求周边的人给自己介绍对象，还不时把始终无法发送给前任的短信写了又删，删了又写。寂寞每天都会降临数十次。

正如无数的音乐和艺术作品所表达的那样，孤独感是对我们人类影响最大的情绪之一。在孤独感的作用下，人们会纷纷出门寻找能够安抚自己内心寂寞的人；而如果情况比较严重的话，有些人甚至会因此结束自己的生命。

据最新统计，美国有6000万人（总人口的20%）饱受着孤独感带来的痛苦。在韩国，抱怨“痛苦的时候没有任何依靠”的人占总人口的25%。这样的结果多少让人有些吃惊。

即便如此，这个世界仿佛还是不会正视孤独感的存在。俗话说，知己知彼方能百战不殆。我们到底为什么会感到孤独？孤独会给我们带来多大的痛苦？我们该如何应对？

有些人甚至会因为孤独选择自杀。比如说，一些长期被同学排斥的学生会选择自杀这一极端的手段。我们可能会问：仅仅因为孤独就选择放弃生命是不是有些夸张？实际上，只要是曾经有过在一个集体中被孤立的经历的人，只要是感受过那种孤独感的人，就肯定能够理解这是一种多大的痛苦。

我曾经有过这样的经历。大家聚在一起讨论一部电视剧，而我连一集都没看过，所以没办法搭上话。虽然这并不是一件重要的事情，我却感受到了孤立感，心情不大愉快。有过这种经历之后，我便开始刻意去看周围的人常看的电视剧和电视节目，还努力去了解最流行的话题。你是不是也有过类似的经历？

让我们看看吉卜林·威廉姆斯（Kipling Williams）和同事们完成的一项实验（请参照下页图）吧。这项实验有三名参与者，主要内容是相互传球接球。其中，两个人之间会经常互相传球，第三个人几乎拿不到球。如此一来，第三个人身上会出现什么状况呢？

被孤立的人（拿不到球的人）首先会感到愤怒，不久之后便会变得非常消极。他不仅情绪会迅速低落，甚至会对自己所具有的价值产生怀疑，从而导致自尊心受挫。除此之外，他按照自己的意愿处理事情的统治感也会下降。这种统治感也是过度自信（毫无根据的自信心或非现实的统治感）的源泉。而一旦产生孤立感，我们就会失去给我们人生注入乐趣的过度自信。情况进一步严重的话，我们就会自问“我到底有没有存在的价值”，越想就会变得越抑郁，最终演化成存在论问题。

左图：没有人遭受孤立的状况　右图：中间的人被孤立的状况

简单的抛球游戏也能让人感到严重的孤立感。

实验中的对象明明不是朋友或家人等对自己的人生具有重要意义的人（初次见面的实验参与者），所处的环境也不是学校或公司等自己的主要生活领域（实验室），可是人们仍会（因在简单的抛球游戏实验中被孤立）遭受各种心理打击。而更让人意外的是，让一个人开始怀疑自身存在感仅仅需要2～3分钟的短暂时间。

就算不是亲身体验，在电脑中的假想抛球游戏中被孤立也会得到相同的结果。

除此之外，只要有人不愿意和自己在一起，或者一想到今后不得不一个人生活，人就会变得格外消沉，甚至丧失自尊心。

短短2～3分钟的游戏带来的孤立感就有如此大的破坏力，可想而知，长期以来被朋友或职场同事等重要的人排斥是一件多么痛苦的事情。

我们的大脑被称为“社会性大脑”，提取与他人相关信息的功能非常发达，可以无意识地敏感应对他人的目光、面部表情等信息。这就表明，我们仅仅通过对方的细微表情，如避开和你对视的目光或微妙的表情变化等，便能够产生孤立感。所以，今后如果再因不起眼的事情产生孤立感，就不要以“我怎么这么没出息”这样的想法自责了，因为我们的大脑天生就具有这种功能。

归根结底，我们是非常容易孤立他人和被他人孤立的存在，因此不得不注意相互之间每一句不经意的言语和每一个细小的举止。

孤独时就吃泰勒诺

“寂寞深入骨髓”或“身边缺个人”等，都是独自入冬的人经常说的话。对于这些人，我们通常会用“好好过冬”这样的话劝两句，或直接无视他们的感受。然而，单身者或失恋的人内心真的可能感到无比寒冷。

最新研究表明，一个人感到寂寞或孤独时所激活的大脑部位，和感受身体痛苦时激活的部位相同。即孤立感或孤独感会给身体带来与疼痛一样的效果。

这听起来可能有点荒谬，但奈森·迪沃尔（Nathan Dewall）和他的同事产生了另一个疑问：“治疗身体疼痛的镇痛剂泰勒诺会不会对治疗寂寞有帮助？”如果说寂寞的痛苦和身体的痛苦是相伴出现的，那么泰勒诺既然可以治愈身体疼痛，必然也可以缓解寂寞。实验结果很让人吃惊，吃泰勒诺的确可以在一定程度上减轻孤独感。

他们先让实验对象产生孤立感，随后便将实验对象分成两组，一组服下泰勒诺，而另外一组则服下胃药（假药）。结果，相比起服用胃药的实验对象，服用泰勒诺的实验对象的孤独感有明显的减轻现象。

这种现象在大脑中也得到了体现。被孤立之后服用泰勒诺的实验对象大脑中与痛苦相关的部位活跃程度明显降低。结果表明，泰勒诺的确具有减轻孤独感的效果。既然镇痛剂可以帮助减轻寂寞，那么就表明，寂寞的确会给人带来类似身体疼痛的痛苦。

我的一位友人听到这项研究结果后甚至反省，自己长期服用泰勒诺可能并不是因为身体上的问题，而是为了抚慰心灵的寂寞。你会不会也是这样呢?

陈伯忠（Chen–Bo Zhong）和杰弗里·莱昂纳德利（Geoffrey Leonardelli）于2008年进行的研究表明，一个人感到寂寞孤独时，不仅会出现身体上的疼痛，还会感受到比常人更重的寒意。他们让一组实验对象想象自己被他人孤立的经历（孤立条件），让另一组实验者想象自己与他人和睦相处的经历，随后让各组实验者估测房间的温度。你也可以想象一下自己曾经有过的那种经历，再估测一下房间的温度。

在这项实验中，想象自己被孤立条件下的实验者，出现了比其他条件下的实验者估测的温度低3度的倾向。因此可以认为，感到孤独的人比其他人感受到了更重的寒意。

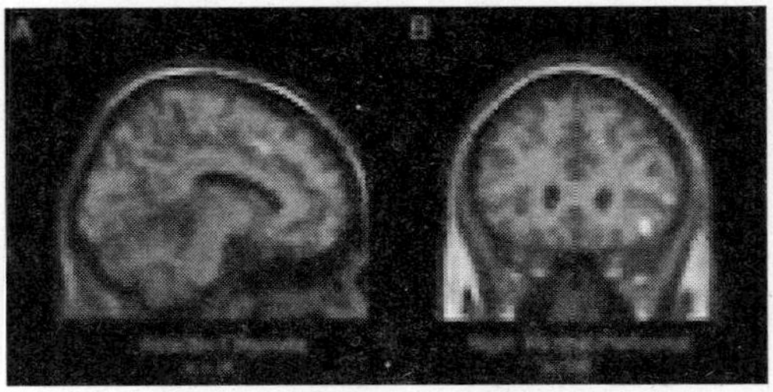

左图：背侧前扣带回皮层（dACC）　右图：前脑岛（Anterior Insula）

人在被孤立时，感受身体疼痛的大脑部位会被激活。

另外，感到孤独的人比其他人更喜欢咖啡、热汤等热饮或热食。

可见，孤独感并不是抽象的存在，它能真正让人体感受到痛苦和寒意，所以说在寂寞面前不存在硬汉。寂寞的人们啊，早早做好越冬的准备吧!

寂寞和饥饿是一样的

我们已经确认过，寂寞和身体上的疼痛一样，都能给人体带来痛苦。不仅如此，寂寞给我们带来的痛苦还会表现为疾病、死亡等可怕的形态。

是否拥有牢固的人际关系是预测一个人健康程度的重要指标。人际关系越好，对人际关系的满足度越高，身体健康的概率也就越高。相反，人际关系不圆满，经常感到孤独的人相比于其他人有着更高的死亡率；此外，这些人身患引发死亡的各种疾病的概率也更高。

寂寞的人比其他人更容易感受到精神压力，而且身患同一种病时，前者所需要的恢复周期也更长，甚至手指被划伤所需要的治愈时间也要比不寂寞的人更长。

除此之外，时常感到寂寞的人拥有不健康的生活习惯的概率也更高。有研究表明，对于中老年人来说，寂寞的人比不寂寞的人更容易酗酒，饮食习惯更不健康，平时运动量也更少。

寂寞的人的睡眠质量也不太好。相比于不寂寞的人，寂寞的人睡眠时间虽然一样，但睡眠质量上却有显著的差异。就算能够睡一样长的时间，寂寞的人熟睡的概率也要小很多。

寂寞会给我们的身体和心灵带来很多弊端，给我们的整个人生带来负面影响。寂寞不单纯是痛苦，也是能够威胁到我们的人生质量和生命健康的深刻问题。

那么，孤立感和孤独感到底为什么会让我们如此痛苦呢？对此我们需要进行更加深入的解释。

人类需要通过摄取养分生存下去。因此，我们会定期产生饥饿感，以便及时摄取养分。然而，如果缺少了这些“饥饿感”，会发生什么事情呢？恐怕我们就无法及时摄取养分，造成慢性营养失调，最终被大自然淘汰，走向灭绝。

学者们认为，孤独感在我们的社会生活中发挥着饥饿感的作用。前文已经提到，隶属需求是为了让人类过上群居生活才出现的。如果人们对孤身一人的状况不感到痛苦，情况会怎么样呢？人们会像现在这样渴望和他人相处吗？只有对于孤身一人的状况感到非常痛苦时，人们才会极力渴望摆脱独处。孤立感或孤独感之所以会给人带来痛苦，是为了向人类传达“一个人是不是很痛苦啊？快点去找他人”的信号，从而让人们尽快摆脱孤身一人的状况。

可以认为，这和我们体内的养分不足时会及时出现饥饿感是一样的道理。正因为如此，我们才会称寂寞就是隶属需求制造的痛苦。

无法产生饥饿感的动物最终会因营养不足而走向灭绝；同理，如果人类感受不到孤立感或孤独感等痛苦的话，就无法生活在丰富的人际关系中了。我们不会因深入骨髓的寒意而努力寻找人生的另一半，也不会为了维持恋爱关系说各种甜蜜的话，更不会因失恋带来的痛苦去唱“撕心裂肺”的情歌。我们甚至无法看到人们聚集在一起生活的城市，或把酒言欢、载歌载舞的景象。

寂寞时专注度会提高

让我们说说离我们日常生活更近的话题吧。当寂寞来袭时，我们会如何应对?

寂寞是一个人社会关系出现异常，正在被他人孤立的信号。前文中也提到过，群居是人类最基本的生存战略，所以被他人孤立的现象是相当严重的警告，严重程度相当于“你快要完蛋了”。

相应地，身体和心灵的各种系统就会为了拯救主人召开紧急会议，并制订各种急救计划，想办法让他人停留在主人身旁，即让他人喜欢上主人。

该过程的第一步便是要掌握其他人需要些什么，换言之就是让别人喜欢上自己。想让别人喜欢上自己，就必须要察觉到对方此时此刻的情绪如何，是不是因为“我”出现了而高兴或愤怒，或者对“我”有哪些需求，并做出恰当的回应。

比如说，购物的时候女朋友说“那东西真好看”，你要弄清她是为了传达那件商品好看的信息，还是在暗示“买来送我”。想要弄清女朋友的本意，你就要察觉到女朋友的细微表情和肢体语言传达的所有信息。

在这一过程中，通过对方的细微表情、目光、肢体语言、声音等所有可能的途径搜集情报是非常必要的。结果，我们的身体和心灵就会进入紧张的看脸色模式。这一系列的读心过程在心理学中被称为“观点采择（perspective-taking）”。

读懂他人的内心不仅需要很高的专注度，还需要摆脱常规的自我中心的思维方式，努力站在他人的立场进行思考。这对于人类来说是一项非常高级的技术，也是一件相当困难的事情。正因为如此，生活中才会有“知人知面不知心”的俗话，女生经常提出的“你不知道我为什么生气吗”也成为了十大未解难题之一。

然而，无论这是多么困难的事情，一旦人们感到寂寞，就会努力去察言观色，从而提高读心技术。

接下来我们要介绍以前文抛球游戏实验结果为基础的另外一项实验。首先，让实验对象回忆遭人拒绝的经历，从而制造出抛球游戏中被人孤立的感觉。然后，给他们放映一个与他们毫无关联的视频，视频中的人会在透露自己经历的同时描述当时的感受。每当视频中的人呈现出一种状态时，实验人员就会暂停视频，询问实验对象此时此刻有着什么样的想法和情绪。

根据视频中的人实际透露的想法、情绪与实验对象做出的回答之间的相符程度，我们就能找出更专注于他人感情，并能够准确进行解析的实验对象。辛西娅·皮克特（Cynthia Pickett）和她的同事通过这项实验发现，感受到孤立感或孤独感的实验对象，比其他实验对象更能准确阅读他人的想法和情绪。

除此之外，如果诱发孤立感和孤独感，或提升隶属需求，人们就更擅长记忆与他人相关联的事件了。此外，出现孤立感的人不仅能够更准确地从表情中阅读出他人的想法或感情，还可以通过声音察觉对方的情绪。换言之，孤立感也会让人的听力分辨率提升。

综上所述，人在感到孤独寂寞时，会更加注意他人的细微表情和声音，从而更加准确地察觉到他人的想法和情绪。这就像我们感到饥饿时，单单看到一张炒年糕的图片就会感到格外兴奋，而且会对一丝朦胧的香味格外敏感。为了给无能的主人带来朋友，身体和心灵的各种装置时时刻刻都在艰苦奋斗。真是一群忠诚的部下！

和“威尔逊”搭话

你有没有在切土豆的时候，感觉到土豆上面长着眼睛、鼻子和嘴巴？或者偶然抬头看到人形的云彩？再或者从毫无秩序的图案中看出过人面部的轮廓？

当我们饥饿到极点，身边却没有食物时，眼前就会出现各种食物的影子，就像在沙漠中看到了绿洲一样。当我们感到寂寞时，这样的现象同样会发生。寂寞时，我们就会格外想念他人，不仅会更加注意周围的人，还能够从物体中看到人像。也就是说，寂寞会使我们将事物拟人化的倾向增加。

拟人化是为非人事物赋予人的属性（性格、意图等）的过程。电影《荒岛余生》中的主人公汤姆·汉克斯在漂流到无人岛之后，便给一个排球起名“威尔逊”，还经常和它对话。当然，这属于比较极端的情况。请想一想，你平时有没有给玩具起过名字，有没有觉得宠物能够听懂你的话，看到一些物体时有没有联想到一些人？这些举动都是我们平时将事物拟人化的主要体现之一。

当我们感到寂寞时，就会比平时出现更多的拟人化行为。经常会有人说，宠物可以帮助人们克服寂寞。而事实表明，经常感到寂寞的人更倾向于为自己的宠物赋予“关怀”和“共鸣”等人类的属性。

寂寞的人身上所展现的拟人化行为，其对象不仅仅限于动物。

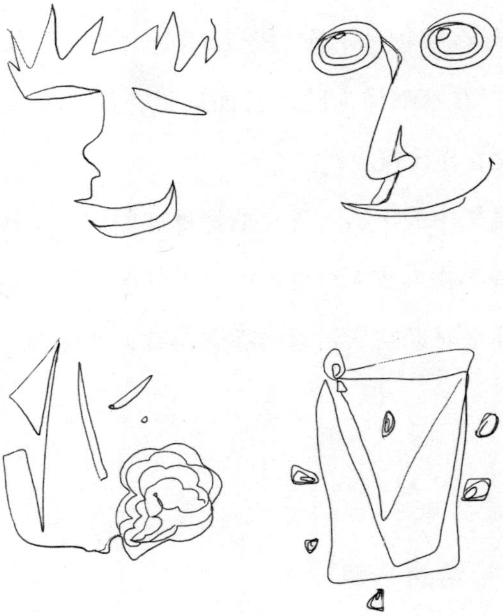

上图：像人面部的图案　下图：什么事物都不像的图案

当我们想念他人时，会通过想象人的形象抚慰空虚的心灵。

这些人会认为，钟表、枕头、空气清洁剂等事物也具有意图、意识或感情。

让我们了解一下这一领域的专家尼古拉斯·艾普利（Nicholas Epley）和他的同事们做过的实验：为一组实验对象放映《荒岛余生》等电影，并让实验对象尽量把自己当成电影主人公（孤立条件）；而为另一组实验对象放映《沉默的羔羊》等电影（恐怖条件）；为最后一组实验对象放映的是棒球比赛视频（控制条件）。然后让三组实验对象观察人形图案和什么事物都不像的图案，并让他们说说是否能够从中看出人形。

结果，产生孤独感的孤立条件下的实验对象，相比于其他两组实验对象，更容易从什么事物都不像的图案中看出人形。你在看到前页的图片之后，是否认为“看着都像人脸”？如果是，就说明你的拟人化倾向比较严重，或者可以说，你比较寂寞。

《荒岛余生》中的汤姆·汉克斯把排球变成了“威尔逊”，而我们也会在寂寞时把一些事物当成人。可以说，为了不变成孤身一人，我们使尽了浑身解数。如果你平时经常从云彩中看到人脸，就要好好想想自己是不是过于寂寞了。

要保有重新被接纳的希望

正如前文所述，寂寞降临时，我们会尽快寻找他人或具有人形的事物，以摆脱孤独的状态。这是我们感到寂寞时采取的最常见的应对措施。

然而，渴望关注他人和与他人和睦相处的想法是一方面；进一步主动出击，活跃地参与各种聚会等实际行动，是另外一方面的问题。

感受到寂寞时，有些人会为了消除寂寞积极走近他人，还有一些人会陷入悲伤和愤怒，惧怕与人相处。那么，为什么不同的人面对寂寞时，采取了不同的应对方法呢？难道越是性格懦弱的人，就越容易表现出负面反应？

伊莱·芬克尔（Eli Finkel）和罗伊·鲍迈斯特（Roy Baumeister）通过研究表明，引起这些差异的最核心要素便是“对被他人重新接纳的可能性的感知”。“曾经孤立过我的人会不会重新接纳我？”针对这一问题出现的不同回答，会引发随后行为上的差异。

假设我们在学校或单位因一些小误会遭受着别人的排挤，尽管那的确是不值一提的误会，别人却因此把我们当成了坏人，根本不愿意提供挽回的机会。这种情况下，大多数人可能会感到巨大的挫折感，甚至还会因此失去按照自己的意愿行事的能力——统治感，从而陷入“我今后什么都做不成了，我就是这么一个微不足道的人”的颓废状态。

一旦这种状态持续，大部分人都会放弃为改善关系而付出的努力，开始憎恨让自己陷入这种状态的人。既然已经没有了改善关系的余地，那就只好做敌人了。未能被接纳的人就这样误入了歧途。

因此，为了避免出现这种负面情况，周边的人必须做出“重新提供机会的宽容举动”，至少要保留矛盾解除之后能够重新做朋友的余地。如果连这种余地都消失的话，背离集体的人就会被越来越疏远，进一步被孤立。

这种原理普遍体现在纠正错误行为的过程中。背上“坏孩子”或“成绩差的孩子”之名的孩子们越挨骂，就越容易脱离正轨。因为这些孩子们会认为，无论自己做出何种尝试，别人都不可能接纳自己。换句话说，他们会觉得“已经没有回头路了”，从而变得自暴自弃。像这种因得不到挽回的机会而出现的负面现象叫作“烙印效应”。一旦出现这种状况，无论多么正直的人都会误入歧途。

从这类事实中我们能知道，对于那些在集体中背负“社会不适应者”烙印的人们来说，我们应当做的并不是谴责或鼓励，而是让对方知道挽回的希望依然存在。当然，努力是他们个人应当做的事情，但如果我们不提供希望的话，就会剥夺对方努力的机会。

打造根深蒂固的关系

寂寞并不只是在被孤立时才会降临。很多人在与他人维持良好关系的过程中也会时常产生孤独感。

前文提到，20%的美国人经常会感到孤独，而韩国也有25%的人回答说，“寂寞时没有一个人可以依靠”。这项统计结果表明，大多数人承受着寂寞的困扰。

那么这些日常生活中的寂寞是因何而来的呢？让我们想一想寂寞的人的形象。此时我们眼前浮现出的是什么样的景象？寂寞的人总是一个人吃饭，不喜欢出门，表情阴暗，不喜欢与人打交道，是不是？

我们通常会认为，寂寞的人就是那些社交能力较差的人。然而，事实和我们的想象有所不同，容易寂寞的人所拥有的朋友数量或社交能力并不低于普通人。乍一看，容易寂寞的人和平常人表面上不存在任何差异。两者都有不少朋友，也经常和人们有说有笑。

那么，这种寂寞到底从何而来？约翰·卡乔波（John T. Cacioppo）认为，容易寂寞的人和正常人之间的最大差异便是与他人维持的关系的深度。即，无论朋友有多少，生活有多富足，只要没有能够掏心窝的朋友，人就很容易产生孤独感。再多的浅层关系都无法替代能够填补内心空虚的深层关系，一旦缺乏这种关系，人就会极度渴望他人的温暖。如果你明明没有被人孤立，却还是会经常陷入孤独的话，那你最好寻找一个能够交心的朋友。

Talk 心，付出多少就能收获多少

一个人不管有多少朋友，只要没有一个能够交心的朋友，就很容易陷入孤独感中。那么，到底要如何结交能够抚慰寂寞心灵的朋友呢?

你对你的朋友了解多少？或许你们已经在一起生活很久了，但是你只知道对方的姓名、性别、年龄、住处、职业等表面的信息，至于对方此时此刻在想什么，你是不是完全不知道呢?

从人际关系的形成过程可知，人们通常会根据对方敞开心扉的程度敞开自己的心扉。如果你只提供姓名、住处等浅层信息，日常生活中也只有“今天天气不错啊”之类的话，那么对方通常也只会提供同等程度的信息。

当然，在人际交往的初级阶段，交换必要信息是必不可少的。没有人会在初次见面的时候就把自己的烦心事说给对方听。然而，在关系逐渐深化的过程中，如果双方依然只交流表面信息的话，这种关系就很难得到进一步发展。

此时，两人中的一个人率先打破僵局是非常重要的。一个人将自己的信息公开得越多，对方就越容易靠近自己，进而形成深度交流。想要让对方走近自己，就应当鼓足勇气说出自己的故事。归根结底，想要结交知心朋友，就应当主动和对方成为知心的朋友。

此外，由于客观的资源和时间有限，我们通常会渴望从所有人

身上得到同等程度的关爱。如此一来，虽然有可能结交不少关系不错的朋友，却更有可能结交不到一个真正交心的朋友。事实上，那些被称为“万人迷”的人并不容易赢得“特别的好感”。所以，为了打造深度关系，我们需要选择和专注。

综上所述，想要结交真正的朋友，就要选择与自己合得来的人，并鼓起勇气主动走近对方。让我们用与人分享的经历试着战胜寂寞吧。

社会性动物，人类的宿命

通过前文的阐述，我们认识到了寂寞会给我们的身体和心灵带来多么沉重的打击。通过各项研究，我们了解到了寂寞降临时我们会出现哪些反应。既然了解了寂寞的真面目，我们就应该能认识到在寂寞面前虚张声势的行为是多么没有意义了吧？

我们或许不止一次地想过“反正人生是要一个人走完的旅程”或“我可以一个人逍遥自在地活着”。我们还会觉得和别人相处是一件麻烦的事情，当寂寞降临时，便会采取“寂寞算什么”等无视或逃避策略。

然而，今后我们应当承认，我们人类是“社会性动物”的事实。一个人无论怎么生活，都不可能违背身体机能。当寂寞像饥饿感一样降临时，我们就不得不像觅食一样出门与他人打交道。

在饥饿的时候否定事实，口口声声说“不，我一点都不饿”，是一种极其愚昧的行为；而我们逃避寂寞的行为同样是相当愚蠢的。今后我们应当接受“人类是社会性动物”这个宿命。这种领悟不仅能够帮助我们理解自己，更有助于理解同在社会中生活的他人。

孤独感是一个人此时此刻需要他人陪伴的信号。因此我们应当接受与他人维持良好关系的必要性，在寂寞降临时积极走近他人。而这也是今后我们自身和他人面临寂寞时应当采取的应对措施的第一步。

02 人生到底为谁而活?

脱掉外部视线的表皮

我有一个认识的朋友比任何人都要自由。对他来说，自由撰稿人或漫画家等毫无拘束的职业再合适不过了。但毕业之后，他却向比较保守的大企业投递了简历。我当时对他的决定感到非常惊讶。他就像一条本应生活在大海中的鱼却拼命向内陆河游去。事实上，每份工作他都未能坚持一个月就很快辞掉了。

他为什么想当一条淡水鱼呢？虽然会有各种原因，但我想，其中最主要的原因便是“周边的期待”。

决定我人生的其他人

你是什么样的人呢？无论是在决定影响自己未来的重大事情时，还是在商店买一个小小的物品时，你会不会这么想："我买了这些，别人会怎么看待我呢？"

大部分人每天都会有意识或无意识地反复去想："别人把我当成怪胎该怎么办？""那些人是不是在谈论我呢？""今天我的穿着打扮和装束会不会很奇怪？"而且，诸如此类的想法会对我们的思维方式和行为产生重要的影响。前文中提到过，假如我们生活在一个无人岛上，就肯定不会像现在这么爱干净和注重着装打扮了。就是说，如果没有"意识到他人"的话，卫生产业和时装产业就不会像现在这么发达。

在做较重要的决定时，我们也会受到他人评价的影响，无法按照自己的意愿行事，甚至不清楚自己真正想要的是什么，而是盲目地选择他人认可的东西。别人喜欢的东西在不知不觉间变得优先于我们自己爱好的。过了一段时间之后，我们又感觉到那些判断过于轻率，开始后悔和思考自己的人生到底在何方。

就像前文阐述的那样，我们人类是一种社会性动物，渴望被爱和得到认可的愿望是一种生存本能，而且这些需求往往比想象的更重要。因此，满足这种需求是非常重要的事情。如果无法满足这些隶属需求的话，我们就会陷入孤立感和孤独感的痛苦深渊。

因此，为了被他人认可和接纳，在乎他人对自己的看法是理所当然的事情，也是必要的事情。只有了解他人对自己的看法如何，他人希望自己做些什么，我们才能够迎合别人的期待，成功地完成“称职的社会人”角色。倘若完全不在乎别人的视线，就会被印上“异类”的烙印。

在乎别人的看法的确是有必要的，但问题在于，我们往往会过分在乎别人的看法。对别人的看法过分在意甚至会影响到自己的人生。不少人应该有过因为这些事情而承受痛苦的经历。那么，接下来让我们了解一下，在乎别人看法的人生存在哪些盲点。

我真正渴望的事物

“当有些人问我‘你喜欢什么？’一时间我都不知道该怎么回答。我居然连这么简单的问题都答不上来。我当时都不知道我自己喜欢些什么，讨厌些什么。正因为那次经历，我下定决心，今后要好好了解一下我自己。”

这是某著名广播人的采访内容。换作你，你会如何回答？听到“你喜欢什么”这样的提问，你能毫不犹豫地作答吗？

我们之所以比想象中更不了解自己，一个重要的原因便是我们总是自我欺骗。比如说，我们会为了完成一些特定任务而扮演不太适合自己，但非常必要的角色。例如明明不是一个擅长竞争的人，却不得不进入到竞争氛围十足的学校或职场中，不断对自己暗示“我一定能够踩在别人头上”。还有一些人会盲目地模仿受大众青睐的形象，比如前一段时间外表冷酷的人非常受欢迎，有的人就会一味装扮成那种人。因为大众比较羡慕在大企业工作的人，人们就会觉得“进入大企业会得到幸福”；而因为大众敬仰有钱的人，人们就会认为“挣钱会让自己得到幸福”。

像这样在认识不到问题根本的情况下一味扮演各种不同的角色，我们就会逐渐陷入自我欺骗中。而大多数情况下，我们会在为了成为他人眼中帅酷的人而装扮自己的过程中陷入这种自我欺骗。一旦将他人羡慕的对象当成人生目标的话，就会一味地追求他人喜欢的东西、流行的服饰、热门学科和受欢迎的工作。

过着这种生活，如果缺少他人的认可，我们是无法感到高兴的；只有他人认可，我们才能获得成就感，心情才能变得舒畅。这样一来，我们就无暇询问自己渴望的形象是什么样的，只会一味地按照他人的期待打造自己。

人只有在自己成为各类经历的主体，或是感受喜悦、悲伤等多种情绪时，才能够清楚地认识到自己喜欢什么，讨厌什么。然而，一旦他人的目光成为你衡量自己的最主要标准，这种机会就会被剥夺。这就相当于将一部名为《我的人生》的电影拱手让给别的导演，而自己只是一个按照他的指示演戏的主角。

当他人成为判断我们人生的主体时，会发生什么事情？让我们看一看大卫·邓宁（David Dunning）和他的同事进行的一项研究。他们向参与者问道：“你觉得自己是一个社会性多么高的人？”实验结果显示，大部分人都回答道“我有几个要好的朋友，也会经常参加各种聚会……”并高度评价了自己的社会性。

接着他们换了一个问题，提供了用以评价社会性的一些特定标准，再问那些参与者：“其他人会如何评价你的社会性？”结果大多数人对社会性的评估要显著低于之前的回答。

这两种情况之间有哪些差异呢？两种提问都是用来询问对方的社会性的。不同点在于：第一种提问中的评价标准完全在于实验者本身，即自我内部；而第二种提问中的评价标准在于他人，即外部。

如果评价标准在自身内部，就会因每个人所具有的特性或人生轨迹的不同而出现各式各样的标准。所以每个人都能够对自己做出比较宽容的评价，并且从中获得很高的幸福感。

“上周偶然帮助了一位迷路的人。”“我给朋友买了份生日礼物，他说我挑礼物非常有眼光。”“我虽然朋友不多，但却有灵魂伴侣一般的朋友，足够了。”就这样，人们会单纯凭借自己多样的经历、想法和感受，对自己的社会性给予正面评价，并从中得到满足。

然而，一旦评价标准变成外部因素，标准就会突然变得非常苛刻。判断社会性的通用标准，如朋友数量、参加的聚会数量等，都会导致多样性程度降低。仅仅拿出几项严格标尺，人们对自己的看法就会完全不同。“在别人眼里，我并没有很多朋友，在聚会中也不大喜欢说话……”这种想法会导致人们对自己社会性给予过低的评价。

不仅是社会性，如果按照外部的标准评价自身的所有特性和行为的话，我们同样很难得到满意的结果。我的人生会因始终无法满足标准而变得越来越不幸。

这也是为什么韩国、日本等经济发展水平相仿的国家的公民的幸福指数处在全球平均水平以下的原因。韩国人过于在乎他人的目光，渴望按照他人的标准生活，这样一来就会对自己过分严格，从而承受不幸的人生。延世大学心理学系徐恩国教授说道：“如果我们能够摆脱他人的目光，按照自己的人生标准生活的话，肯定会获得更高的幸福感。”

如果持续按照外部标准评价自身的话，我们就很容易将他人所具有的一般标准或出身、背景等因素，视为比自己固有的经验或思想更重要的东西。如此一来，我们就会逐渐舍弃自己独有的特性，竭尽全力让自己的人生符合那些标准。这就像完全不考虑自己是鱼类还是陆地生物就根据别人的建议决定要生活在水中还是陆地上一样。

最终，我们会以为别人向往的东西就是我自己喜欢的东西，比起“What do people like（人们喜欢做什么）”，我们更难回答“What do you like（你喜欢什么）”。说到这里，说不定我们自身的存在就是被他人的各种期待包装成的。

向上攀比腐蚀人生

看到出身名门院校、在著名企业工作、外表还很俊秀的人，我们就会不由自主地产生自卑感，甚至还会抱怨上天的不公平，所以会常常说“有什么了不起的”。

按照他人的标准评价自己，最终主动放弃幸福的倾向便是“攀比”。无论我们学历多高，收入多高，都会不断地和条件比自己优越的人攀比，并由此生出自卑感和痛苦。“看看那个谁家，住的房子比我的好多了，开的车也是名牌的，我怎么就过着这种生活呢？”这不就是我们时时刻刻都能听到的话吗？

甚至一些享有很高社会地位的人，如名牌大学教授或律师，也会过低地评价自己的现状，发出自责的声音。这不由让我们感叹：越是出色的人就越可怕。这些深陷攀比深渊，不断在痛苦和不满中挣扎的景象，不禁让人感到惋惜。

攀比分为“向上攀比”和“向下攀比”。向上攀比就是拿自己和比自己优秀的人做比较，使自己变得消沉、情绪低落的攀比行为；而向下攀比则是看到处境不如自己的人而感到高兴的行为。父母经常所说的“谁谁家的儿子（女儿）那么出色，你怎么这副德行”，就是典型的向上攀比；而看到电影或电视中出现的命运悲惨的人，我们便会说“再怎么说我也比他好一点”，这种行为便是向下攀比。

有些人无论自己所处状况如何，都会不断地关注周边的人，不断进行向上攀比，这种人容易一辈子都被自卑感折磨。因为无论是什么团体，越是处于社会中较高的阶层，就越容易找到比自己出色的人。不管挣多少钱，和比尔·盖茨相比都是天壤之别；而且，这种人不管长得多么漂亮，和金泰熙相比，都始终无法满足于自己的长相。

柳博米尔斯基（Sonja Lyubomirsky）教授的研究证明，实际上向上攀比与不幸和较低的自尊感有着紧密的联系。他让两名实验者解答了几道简单的IQ测试题。实验表明，相对于幸福的人，不幸的实验参与者对自己的评价完全取决于旁边的人的完成情况。不幸的人如果见到旁边的人比自己做得慢，就会觉得自己很出色（向下攀比）；而如果旁边的人做得比自己快，就会感觉自己做得不好（向上攀比）。

重要的是，相对幸福的实验对象并没有出现向上攀比现象。当身边的人做得比较慢时，幸福的人会产生“看来我做得不错”的感觉；但即便身边的人做得比自己快，他也不会改变对自己的评价。（请参照下页图）

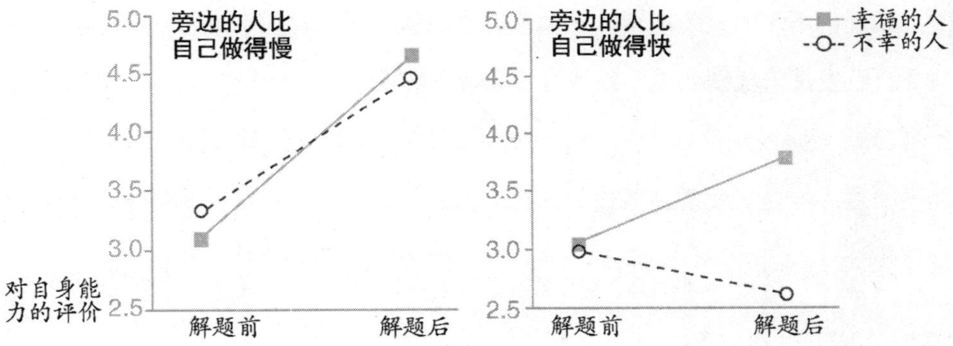

解题之后对自身能力的评价结果

实线在两幅图中基本保持一致（即，旁边人的完成的结果不太会影响对自身的评价），而虚线则出现了明显的差异。

从上图中可以看出，对实验参与者解题前后对自身的评价结果进行比较时可以发现，相对幸福的人无论身边的人做得快或慢，都会觉得自己做得不错；但相对不幸的人如果看到身边的人比自己做得快，就会觉得自己做得不好（向上攀比）。即幸福的人对自身的评价标准在本人内部，而不幸的人的评价标准很大程度上依附于外部。

让我们了解一项更让人意外的实验。这一次，是让实验对象教孩子，随后向实验对象反馈他们教得好不好，同时告诉他们其他实验对象相比于他们的表现。

下页图表中，有色条带表示正面评价，灰色条带表示负面评价。不管身边的人是不是发挥得好，幸福的人（左图）只要得到正面评价就会感到高兴，而得到负面评价时便会情绪低落（如果被告知身边的人也没发挥好的话，便会得到少许安慰）。

相反，不幸的人（右图）不会考虑自己的表现从客观来讲到底好还是坏，只要自己发挥得比别人差（斜线有色条带），就会感到懊恼；而只要得知他人比自己差（斜线灰色条带），就会感到高兴。甚至从客观来讲，明明发挥得并不如意，但是只要听到旁边的人比自己差，这样的人就会感到非常高兴。

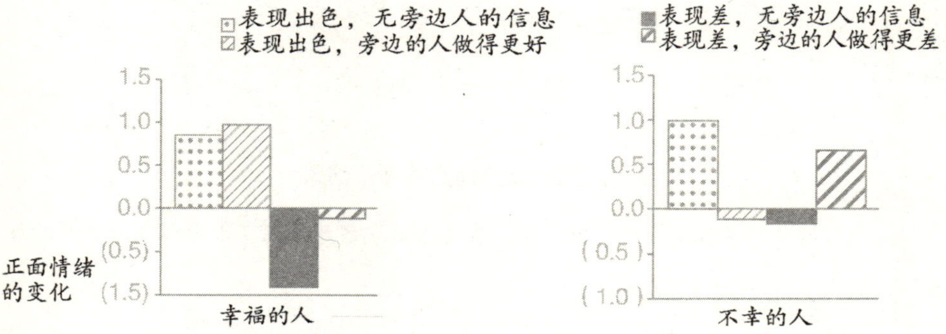

解题之后情绪的变化

自己明明做得不好，却在听到别人做得比自己更差时感到高兴，听起来是不是有点可怕？不顾客观事实，完全依赖他人的成绩评判自己的成败，多少让人感到有些惋惜。某种程度上，这也可以视为是被自己的心灵欺骗的行为。

这种状况一直持续下去的话，就很有可能导致自尊感和幸福感出现较大动荡，演变为心理极度不安的状态。一个人完成一件事情，从中得到的自尊感和幸福感却要取决于比较对象，这本身就是一个不正常的情况。

重要的是，自尊感的稳定性，即评价自身时对外部状况的依赖程度，在很大程度上影响着人际关系和人生的各个重要领域。无论自尊感是高还是低，自尊感不稳定的人如果从别人口中得到负面反馈，就会产生受到伤害的感觉，采取极端防御性态度。一个小小的玩笑也能让这些人火冒三丈，气急败坏。

毫无意义的攀比只会让我们的心理状态受到控制，这种事实不禁会让人感到郁闷。就因为那些完全可以避免的攀比，导致自尊感大起大落，引发情绪骤变，还会给他人留下不好的印象，这是多么大的损失啊！如果想避免和不必要的打击感为伴，我们最好不要和别人进行攀比。

无论如何观众都会带来压力

让我们看看下面的一则故事。

> 教室的最前排坐着一名学生。这名学生全神贯注地听讲。不过下课之后当有人问他上课内容时，他却答不上来。一整堂课，他脑海中所想的只有“我要让其他老师和学生把我看成好学生”。
>
> ——萨特

过分在乎他人的目光，将那些目光视为人生的监督，就会给人生带来负面的影响。想一想面试的过程：面试官把胳膊抱在胸前，用尖锐的眼神注视着你。每当你要开口说话时，他们就会一直盯着你，在这些人面前你生怕说一句错话，紧张得直冒虚汗。

当然，也有些人很享受这种面试过程（恐怕是极少数），但对于大部分人来说，这种状况是能避则避的。因为只要涉及对自己的评价，人们自然就会产生担忧和恐惧感。

如果过度在乎他人的看法，无论是在何时何地，你都会觉得自己是站在面试官面前。因为过度在意别人的目光，他人的每一句话、每一个举动都会令你感到压力颇大。如果这些评价所带来的负担和恐惧感进一步加剧的话，你就会出现社交恐惧症等症状。越是在乎他人的存在，就越无法正常地与他人一起生活下去。

不仅如此，过度的紧张还会影响一个人能力的正常发挥，导致结果不能令人满意。正因为如此，有很多人在面试后会说，“我因为太紧张没能正常发挥实力”。

运动员在主场打比赛的时候通常会提到主场优势（home advantage），因为会有无数的主场球迷加油助威，使运动员能够从中获取力量，从而获得好成绩。然而，学者们通过研究表明，主场优势并非完全如此。

他们对美国职业棒球大赛的结果进行了分析，发现在主场进行比赛时，主队上半场通常会领先，但到至关重要的下半场时，主队往往就会面临落后的局面；而且这种现象与观众提供的声援有着直接的关系。有时，震耳欲聋的助威声会给运动员带来不得不迎合观众期待的负担感，而这些负担感会导致运动员发挥失常。这样一来，主场优势就会变成主场劣势（home disadvantage），而运动员的成绩也会受到负面影响。

就这样，当他人的目光集中时，人们完成任务的能力就会下降，而日常生活当中这种现象随处可见。一旦人们的关注度提高，就会发生平时擅长的工作进展不顺利的情况。

一旦开始在乎他人的注视、评价、期待等，我们就会陷入被观众包围的情形。如果路过的人也变成观众的话，我们就会承受更大的负担和压力。此时，就算观众像主场球迷一样表达友好的态度，结果也是一样的。现在我们看看下面一个例子。

你倾向于选择哪种状况？

1. 和态度友好的面试官进行面试；

2. 和态度不友好的面试官进行面试。

两种状况中，哪一种带来的压力更小？人们往往会认为第一种状况下的压力会更小。然而，下面的研究得出了不同的结论。

实验参与者的任务便是说出自己为什么能够胜任一家备受欢迎的企业指定的岗位。参与者在以下三种条件下作出的发言各不相同。

条件1　没有听众的情况（控制条件）：参与者看不到的房间角落里坐着研究者。

条件2　坐着友好听众的情况：两名听众坐在参与者面前，津津有味地聆听着参与者的发言，并会时常用微笑送去鼓励的信息。

条件3　坐着不友好听众的情况：依然有两名听众坐在参与者面前，他们会在参与者发言的过程中作出赤裸裸的厌恶表情，并且时常暗示“这名发言者没什么戏”。

在发言结束之后，为了了解每一组参与者在发言过程中承受了多大压力，分别测定每一位参与者的压力激素（类固醇激素的一种）数值。压力激素数值总共测定了三次（发言之前，发言之后，发言一个小时之后），这是为了考虑每个人固有的激素浓度不同。

接下来参照下图，了解一下实验结果。纵轴是压力激素的水平。

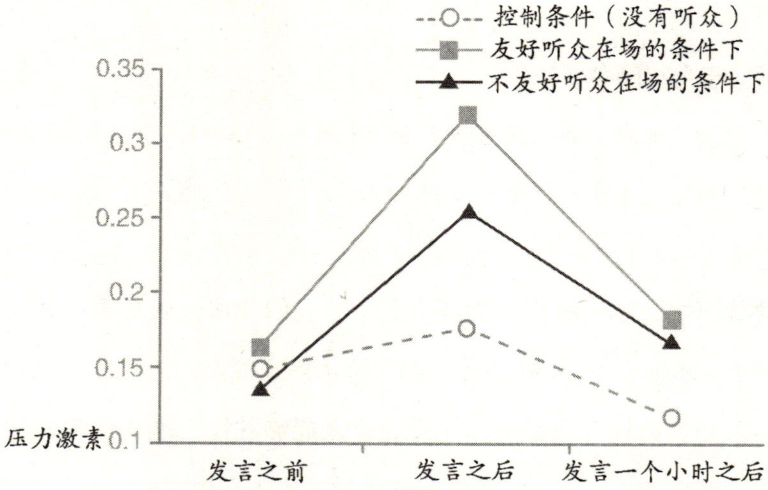

不同听众在场条件下的压力激素变化曲线

1. 发言之前测定的压力激素水平：一般情况下，所有参与者的压力激素水平并无太大差异。

2. 发言之后测定的压力激素水平：参与者所处状况的不同（没有听众的状况，友好听众在场的状况，不友好听众在场的状况）会导致压力激素数值的不同。

首先，从结果中可看出，友好听众和不友好听众在场的条件下，要比没有听众在场的条件下更容易让实验者承受较高的压力。而友好听众在场的条件下让实验者承受的压力，要高于不友好听众在场条件下的实验者承受的压力。

3. 发言一个小时之后测定的压力激素水平：发言结束一个小时之后，相比于没有听众在场的实验者，友好听众和不友好听众在场条件下的实验者体内的压力激素水平依然很高。

综上所述，无论听众友好与否，听众的存在本身，即“对评价的恐惧”，总会给我们带来负面影响，而且人们在友好听众面前承受的压力要高于不友好听众在场的情况。该结果表明，他人的评价和视线存在的状况会给我们带来负担，而不得不迎合对方期待的负担感同样会带来不小的痛苦。

在奥运会等大型赛事前，国家队运动员会说出表达决心的话：“我们会用尽全力，不让国民失望。”然而不得不迎合国民期待的想法可能会给运动员带来更多的压力，最终导致他们无法正常发挥。能够成为既友好又不给人带来负担的听众固然不错，但我们能够做到的恐怕只有无论胜负都送去热烈的掌声了。

由此衍生出了一个问题，即他人的存在是不是始终会给被关注的人带来害处。当然，在不少情况下，他人的存在是有益处的。“社会助长作用”是指有人在身旁时导致工作效率和质量提高的现象。在做单纯的工作时，多人聚在一起要比一个人做效果更好。比如说，到图书馆学习要比在家学习的效率高得多。这就说明周围的人是单纯的“他人”还是评价自己的“观众”，有着截然不同的效果。一旦出现对评价的恐惧，我们就会把周围的人当作观众来对待。

我们每个人都戴着面具

观众是一种让我们痛苦的存在，所以人们往往渴望逃避各种社会性刺激

（主要是与他人有关的）。假如你有一份需要时刻用微笑迎接顾客的工作，在接触的各类顾客中，有些会让你心情舒畅，还有一些会触及你耐心的底线，但你却没有任何办法，只能用微笑对待对方。当所有顾客都离开时，你可以暂时放下那种接待顾客时使用的表情，休息一会儿。再也没有什么比这段休息时间更甜蜜的了。在工作之余，摆脱顾客的视线，回到员工休息室躲避一切，是非常愉快的事情。

这种暂时避开评价自己的视线，摆脱观众独自休息的行为，叫作“回到后台行为（Back-staging behavior）”。就像演员们在舞台上尽情为观众表演后，回到后台休息时便会彻底放松一样。

著名的社会学家尔文·戈夫曼（Erving Goffman）说过，人们会通过这种行为暂时脱下面具，脱离角色扮演，进入充电和重新整备状态。从这种角度来看，洗手间便是最典型的后台场所。从嘈杂的聚会或约会中暂时离开，来到洗手间，人们就会暂时享受独处的空间，趁机补妆、整理衣衫、休息和重新调整状态。

所有人都需要一个让自己避开大众视线，从而独处的空间，如员工休息室或洗手间。如果没有这种空间的话，无论多么外向、多么善于交际的人，都会经历萨特所说的地狱。

需要自尊感的理由

逃避他人的评价所带来的负担感的行为有另外一种表现，就是为了避免陷入被人评价的处境而索性拒绝维持关系。

每个人肯定都有过在喜欢的人面前心跳加速、嘴唇干涩、直冒虚汗的经历。和毫无来往的人单独在一起时，我们往往不知道说些什么好，只想尽快摆脱这种尴尬的情形。我们为什么会害怕走近特别重要的人或初次见面的人呢?

越想给对方留下不错的印象，就越会这么想："我做出这些举动，对方会不会讨厌我？""这么做，对方会不会觉得我是个怪人？"这样的想法越多，我们对自己的言语和行动的负担感就会越大，还会反复回想自己说过的话，不断地后悔自己的举动。有时我们还会非常讨厌在这种时刻处于担忧状态的自己。像这样害怕对方讨厌自己，即对（他人的）拒绝的恐惧（fear for rejection），会让人无法从容应对与他人相处的状况。

这种恐惧进一步加深时，就会出现社交恐惧症等极端逃避他人的现象。然而，这仅仅是非常极端的状况，通常来讲，大多数人只会做出一些不太得体的行为。

比如说，还没等对方开口拒绝，这样的人就会因为害怕而逃之夭夭。当害怕被别人拒绝时，便会不断对自己说"我做不到"或"对方不可能喜欢上我这种人"等，而且会完全不在乎对方实际上所持有的想法或态度，率先切断这份关系。就算对方对你没有任何负面印象或偏见，你也会不知不觉变得消沉，出现一些缺乏自信的举动，如在对方面前无法正常说话，不敢看对方的眼睛等。

拿异性关系来说。在异性面前陷入恐慌的男人往往会想："女人都喜欢有钱的男人，她也是这样的吧？""女人都只看外表吧？她也肯定是这种人。"对方明明没有说过"你既没钱，长得又丑，绝对没戏"之类的话，追求者却自己陷入了假想的拒绝中。当然，这种态度往往会引发真正的拒绝。

这种现象尤其常见于自尊感较低的人身上。人际关系中，人们往往会强调自尊感的重要性，其原因就在这里。自尊感较低时，人们就会强烈感受到“我各方面都很差劲，所以会遭到别人的拒绝”的恐惧，从而导致在人际关系中采取消极和保守态度。

正因为如此，一旦遭到严正的拒绝，人们便会觉得“我说得没错，我果然很差劲”，导致自尊感进一步降低。而如此一来，他便会采取更加保守的态度，而这又会引发新一轮的拒绝和自尊感下降。这种现象叫作“不适应行为循环（cycle of maladaptive behavior）”。可以说，在人际关系中，自尊感能够兑现被对方拒绝的预言。

更严重的问题在于，如果无法摆脱这种恶性循环，就会永无止境地陷入不适应性的人际交往习惯，从而在他人心中形成歪曲的形象。（“女人们……”和“男人们……”等常见的抱怨，在很大程度上应该是“对拒绝的恐惧”和“自卑感”的借口吧？）

此外，如果陷入不适应行为循环的话，学习用以维持正常人际关系的各种技巧的机会就会被剥夺，随着时间的流逝，打造正常的人际关系会变得越来越困难。

那么，当我们陷入这种拒绝的恐惧时，应当采取哪些救助措施呢？无论是什么样的问题，只有面对现实才能够找到解决问题的方法。

首先，我们要明白，不仅是自己，其他所有人对拒绝都有恐惧，即站在自己面前从容微笑的对方很有可能也是非常紧张的。事实上，作为将得到他人关怀视为首要课题的社会性动物，我们人类仅仅是“拒绝的恐惧”面前的猎物罢了。

Talk 重新调整人生的意义

最近有研究表明，对人生意义的重新确认，能够减少人际关系中的不安（social insecurity），有助于人们摆脱不适应性行为的恶性循环。

研究者让人们将自己人生当中最重要的目标和价值（幸福、智慧、正直等）列出来，并从1~11进行排序，并让其中一组实验者回答列在第1位的价值对本人产生的影响。这就等于给了他们一次重新确认人生重要价值的机会（人生意义确立条件）。而对于其他组的实验者，则要求他们解释列在第11位的相对不重要的价值有哪些意义和影响（控制条件）。

两个月之后，重新进行的实验显示，人生意义确立条件组的人相比起控制条件中的实验者，出现了人际关系不安系数下降的现象。

研究者称，该结果表明，单纯通过重新确认人生意义也能够起到提升自尊感的效果。通过重新确认人生的重要价值观，并进行重新整备，便会出现“没错，我的人生意义就是这个，我就是这种人，其他人也应该会接受我”等心理暗示。

研究者认为，这种自我价值确认的方式可以带来与不适应性行为循环相反的正面连锁反应。如果自信心提升的话，一个人就能够堂堂正正地站在他人面前，而这种自信会在人际关系中充当魅力因素，进一步刺激自信心的提升。

像其他所有问题一样，在人际关系中重塑自我是解决问题的首要步骤。因为只有懂得爱自己的人才知道如何爱别人。

很多情况下，真正招致拒绝的人并不是对方，而是我们自身，这一点需要铭记。换句话说，很多时候我们遭到拒绝的原因并不在于自己的出身、背景，而是自己那畏缩的态度。此外（后文会有详细阐述），其实他人并不像我们想象的那样关注我们的每一句话、每一个举动，认识到这一点就是摆脱人际关系所带来的恐惧的重要前提。

在这里需要指明一点：我们一定要将自尊感维持在适当的水平，如果过高的话，就会带来负面效应。有研究结果表明，如果自尊感适当的人得到了更高自尊感，就会出现怠慢的态度，导致业务成果下降等负面效果。有一种说法是，自尊感越强，想法越好。其实这是没有准确的事实根据的。有些学者指出，自尊感越强想法越好的说法并没有得到实际研究的证明。

因过分强调自尊感，美国甚至还出现了奖励自我陶醉（Narcissism）的状况（自恋大流行）。自恋度较高的人具有如下特征：首先，认为这个世界上自己最出色，无视周边的人；其次，如果周围的人不称赞自己，就会心情不好；最后，为了让他人看到自己的荣耀，把自己当成一幅壁画。只要有这样的人存在，周边的人就会感到不自在，而这些人的存在也不会给社会带来多大利益。当然，对自尊感的强调不一定会百分百造成自我陶醉。然而，多加注意也没有什么不好的。要记住，适当的自尊感才是具有正面效应的。

Talk 自尊感是社会关系的监视器

重新整备人生意义的确有助于提升自尊感。然而，一些学者认为，自尊感的源泉在于对“周边的人有多么喜欢自己”的认知。即如果感觉周边的人喜欢自己，自尊感就会提升；反之则会降低。

这种现象被称为自尊感的社会计量器理论（sociometer theory）。燃料下降时，计量器中的指针就会随之下降，反之就会上升。与此类似，社会关系不如意时自尊感就会降低，反之就会上升。因此可以看出，自尊感充当着社会关系计量器的作用。支持该理论的学者们认为，自尊感本身并不具有崇高的含义，自尊感仅仅是用来了解社会关系顺利与否的监视器而已。

事实上，当人们感觉到周边的人不喜欢自己时，自尊感就会下降。这种情况下，人们就会感知到自己的社会关系存在异常，并努力试图恢复关系。

考虑到这一点的话，就能知道，摆脱不适应性行为循环的最佳方法便是去见一见喜欢自己的人（哪怕一两个人），并从他们身上得到肯定性的反应。这样一来，就会自然恢复自尊感。

当遇到不好相处的人，想建立深度的关系并不是一件容易的事情。毕竟，万事开头难。当然，如果自尊感低到病态的程度，就需要寻求专家的帮助；但如果属于正常范围的话，鼓足勇气试一试，主动走近他人，这不仅会帮你打造高自尊感，还是建立良好关系的第一步。

所有人都在看自己的错觉

前文中我们了解到“观众的存在给我们带来的负担感”、“对拒绝的恐惧”，以及“在乎他人的存在会带来多么大的痛苦”等问题。这里要提出一个重要的疑问：注视和评价自己一举一动的人实际存在吗？

· 在人声嘈杂的公交车中，下车时不小心踩空，呈“大”字形摔在地上。我感到太丢人了，脸立马变得通红，仿佛公交车里的所有人都在注视着我。

· 午餐时喝了一份泡菜汤，汤不小心溅到衣服上。我一整天都害怕别人看到我衣服上的那几滴污渍，想方设法去遮盖它。

· 今天穿的衣服不太满意，色彩搭配一般，款式也比较落伍，仿佛路过的人都在对我的穿着指指点点。

上述经历每个人应该都会有过一两次，这就是那种仿佛头顶装着聚光灯的经历。这种现象叫作“焦点效应（spotlight effect）”。值得注意的是，这种焦点效应实际上并不存在，它仅仅存在于我们的内心中。

让我们静心想一想今天一天的所见所闻：公司同事穿了什么衣服？地铁里有没有跌倒的人？路人身上有没有辣椒油的印迹？晚上路过的咖啡店店员穿了什么衣服，发型又如何？

如果是印象深刻的场景，那它肯定会留在记忆中；然而实际上，日常的平凡场景并不能给我们留下太多印象。我们不会对他人的所有信息产生兴趣，也不会把它们保留在记忆中。人们对彼此的关注程度其实是有限的。然而，我们却倾向于高估他人对自己的关注。

社会心理学家托马斯·吉洛维奇（Thomas Gilovich）和他的同事进行了如下实验：在一个房间里聚集一大群学生，并让其中一人穿上平时不大好意思穿的T恤，T恤上印着名人的头像。在那位学生穿着那件衣服在房间里和其他学生相处一段时间之后，让他离开房间，并让他猜猜房间里有多少人察觉到他穿了奇怪的T恤，同时询问留在房间里的学生记不记得刚刚离开的学生的衣服上印着谁的图案。

让我们看看下面的图表。左侧的条带是实验对象猜测的人数，而中间的条带是猜出图案的实际人数。穿着奇怪图案T恤的学生预想的人数要比实际人数多出一倍。实际生活中，看到我们的一些难为情的举动的人只有我们预想的一半。

右侧的斜线条带（控制条件）是没有察觉那位学生穿带有奇怪图案T恤的学生的人数。而这个数值与实际察觉到的人数相仿。

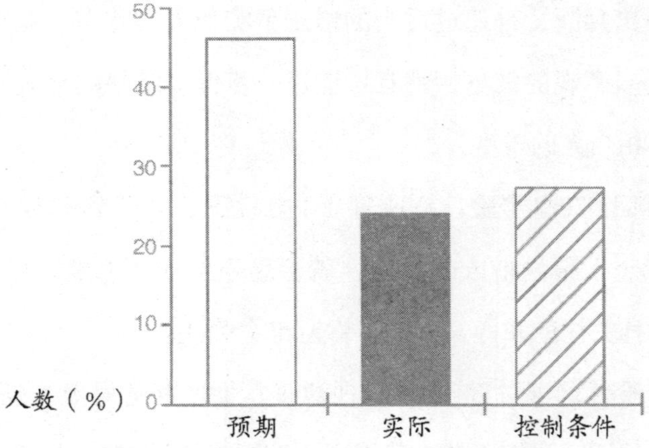

对他人察觉能力的估计与现实之间的差异

如果不是自己穿的话，大多数人都会认为察觉到T恤图案的人并不太多。即，人们倾向于自作多情，过分认为其他人会注意自己的发型、举动等。没有什么错觉是比这更严重的。

那么，我们为什么会如此自作多情呢？学者们认为，这是因为我们所经历的事情都是独有的，而且我们是只关注自己的动物。换句话说，对于他人的想法、感觉和经验，我们只能猜测，不可能有准确的了解。

我们会通过大体了解和推测的方式了解到他人的状态，而这些推测的根据仅仅源于个人经验。尽管对方明明有着完全不同于自己的特点，且至今为止的人生也是完全不同的，但我们还是要用“换作是我的话会怎么做”的方式进行推测。乍一看，这种做法显得格外想当然。我们会通过自己失恋的经历推测失恋给他人带来的痛苦，通过自己在就业过程中的经历猜测面试失败的朋友遭受的打击。

最终这些推测会掺杂着我们自己的感受和想法，成为极度主观的产物。这一过程叫作“锚定与调整（Anchoring-and-Adjustment）”。即先凭借自己的主观想法做出判断，再通过适当的修正猜测他人的状态。调整过程中如果能够考虑到更多客观的信息，就有可能进一步保证结果的客观性，但事实上这一过程具有相当大的难度。

让我们再回到T恤实验。刚刚穿上T恤时我们会感到非常羞愧，不知所措。在这种状态下猜测他人的反应，就会想当然地认为他人也会注意这件T恤。即既然是我关注的东西，其他人肯定也会关注。

如果说实验者自身对T恤的过分注意正是促使其觉得他人也会关注这件T恤的核心原因的话，我们不妨冷静下来，客观对待T恤带来的羞愧感，如此一来还会过高估计他人的关注度吗？

另一个实验依然让学生穿上那件T恤，并且分成两种条件。第一种条件中，让刚刚穿上T恤的学生在羞愧感十足的状态下猜测有多少人会察觉到这件T恤。第二种条件中，在学生穿上T恤的一个小时之后，即在一定程度上适应T恤带来的羞愧感之后，再让他进行猜测。

让我们看看下图。实验结果显示，穿上T恤，经过一段时间之后做出的预测要低于刚刚穿上T恤时做出的预测。这就表明，因为我们的神经处于羞愧的状态，所以会认为他人的神经也处在极度敏感的状态。

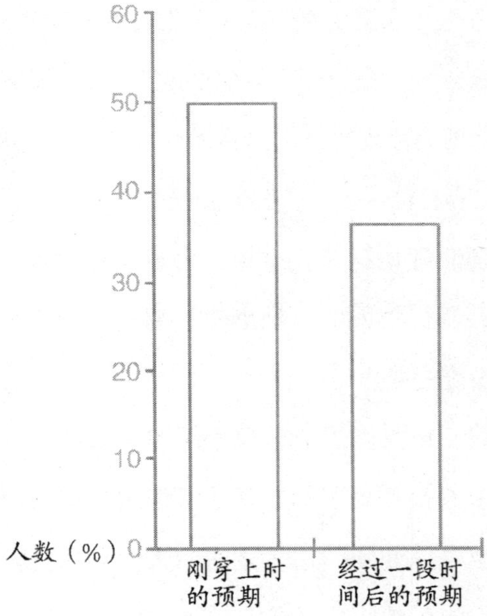

察觉到奇怪T恤的人数

既然了解到了这一事实，我们就可以在日常生活中得到更多勇气了。比如在公共场所中做一些夸张的举止，穿着具有实验精神的衣服到处招摇，等等。反正也没有人在乎，也没有人会记得，干吗要害怕呢？

存在于我们体内的无形观众

接下来，让我们聊聊生活在我们心中的幽灵观众。肉眼看不见的观众真的存在吗？观众指在舞台或球场前欣赏演员表演或运动员比赛的人。然而，我们在日常生活中遇到的观众却是一种肉眼看不到的存在。

我们有没有在睡觉之前突然想到白天发生过的一次让人脸红的事情，从而瞬间将被子蹬开的经历？“我为什么会那么做？人们肯定把我当成怪胎了”，想到这些，我们眼前便会浮现出他人的目光和表情，突然感到一种毛骨悚然的恐惧。被子里明明只有自己一个人，我们却能生动地体验到无数观众的视线。

就这样，我们随时随地都能凭空想象出观众的存在。无论是在床上还是在洗手间的便器上，我们都能够勾勒出假想的视线和聚光灯。我们每个人都具有超越时空创造焦点的能力。

这种假想的视线（或焦点）会让他人的评价出现在自己的想象空间中。甚至还会起到“我果然很差劲”的心理暗示作用，从而让一个人放弃眼前的工作。这样的假想也可以起到“这么做的话人们会把我当成了不起的人”的暗示作用，让一个人出色地完成任务；而任务完成之后又会以同样的假想感受到成就感或羞耻感。

像这种每当我们想象“其他人是这么想的”时便会准时出现，并代表众人的观点，且仅存在于我们脑海中的人，叫作“被概化的他人”。

被概化的他人虽然没有实体，却具有通过我们每个人的自身经历再构成的特性，并存在于各自的心中。而且，每当我们在乎他人目光时，这些人便会准时登场，充当无形观众的角色，对我们的思想和行为起到重大的影响。可以说，他们相当于《黑客帝国》中出现的悄然支配我们内心的异度空间势力。

过度评价他人对自己的关注度的倾向，会使焦点效应和被概化的他人结合到一起，这些人便会成为时时审问和使唤我们的让人厌恶的存在。

在这里，值得思考的是，这些人归根结底还是“我”，并不是“超我”

的存在。被概化的他人终究不过是“我”脑海中想象出来的假想存在。因为这些存在而感到烦恼和痛苦的行为，归根结底还是一个人自作多情的表演。

当然，这些人的确是通过实际经历重新构成的具有一定现实意义的角色。但正如前文中所提，我们的经历是非常有限的，另外，通过个人经历重新构成假想人物的行为从一开始就属于主观解析，因此，被概化的他人的客观性并不像我们想象的那样具有绝对性。

如果你还在过分在乎他人的视线，还在饱受着被概化的他人的折磨，那么你可以想一想这些角色并不是绝对存在的事实，所有的一切仅仅是你一个人的表演罢了。这种方法可以帮助你摆脱毫无意义的烦恼。

通过他人的眼睛看待自己

太在乎自己心中创造的观众，在乎这些观众的视线的话，就会发生各式各样的事情。最典型的一种倾向便是像灵魂脱壳一般通过他人的视线看待自己。这种行为叫作“给自己赋予第三人称视角（third-person perspective）”。

视角大致可分为两类。第一人称视角就是凭借“我”的双眼观察眼前发生的一切，而“我”本身是看不到我自己的全貌的。第三人称视角则是通过摄像机看待自己全貌的视角。通常在电脑游戏中经常能看到这种视角的应用。赛车比赛中，第一人称视角只能看到方向盘和眼前的景象，而第三人称视角则能够看到游戏中“我”的角色。

虽然在游戏中我们可以任意改变视角，但现实生活中我们能够采取的只有第一人称视角。只要眼睛不长在天上，我们就不可能通过双眼看到自己的表情和全身。但有趣的是，当我们开始在乎他人的视线时，便会在想象中勾勒出自己的全身像，而且这种影像颇为生动。

让我们仔细想一想一个小时前的自己在做些什么吧。脑海中浮现出的画面是你通过自己的双眼看到的景象，还是你自己化身成为一个主人公出现在场景中呢？可以试着在右侧的空白处画出你所看到的景象。

置身于其中

处于局外的

像这样，让人们回想各种事情，并让他们画出那些场景，或让他们回忆当时自己的表情、穿着、全身像等，就能够了解他们在记忆中的视角。而通过这些视角我们可以知道，越是在乎他人视线的人，就越倾向于通过第三人称视角看待自己。另外，视角也能够反应文化圈之间的差异。相比于西方人，总意识他人存在的东方文化圈的人更容易出现第三人称视角。

亲自画一画

现在，举起画笔或手指在额头上写个E。你的E是朝着哪个方向的呢？做过类似实验的心理学家格兰·哈斯（R. Glen Hass）的想法如下："在乎自己在他人眼中形象的人会极力想象通过他人的双眼看到的自己，即最初的第一人称视角会变成第三人称视角。此时在额头上写下文字的话，就会变成在他人看来是正确的方向。”

让我们看看下方的图片。哪一个E是正确的？在身为观众的我们看来，右图的E才是正确的。然而，从写字的人角度来看，左图中的E才是正确的。过分在乎他人视线，甚至索性站在他人立场看待自己的话，就会出现在自己的额头上写出正确E的现象。

左图：按照自己的方向写下的E　右图：按照他人的方向写下的E

每个人采取的视角的不同会导致E的方向不同。

让我们了解一下这一项实验：在一种条件下，为了让实验者意识到他人的存在，设置一个摄像机，并打开电源，使红灯亮起（摄像中）。而另一种条件下，虽然也设置了摄像机，却没有打开电源，灯并没有亮起（未摄像）。即两种条件的差异在于有没有人在观察实验者的一举一动。

参与者在执行无太大关联的课题的过程中，突然被要求在额头上写下英文字母E，他们便会在莫名其妙的状态下开始写字。而结果正如预期，在乎他人视线的参与者比其他参与者更倾向于画出右图中的E（在他人看来正常的E），其比例比左图中的人高出一倍之多。

在前文中也有提及，我们的眼睛并没有长在半空中，所以绝对不可能自己采取第三人称视角。只有在察觉到他人的视线时，我们才会想象出那种场景。正因为如此，在突然被要求写下E时，人们也会不由自主地考虑他人视线。我们不仅能够想象出虚构的观众，还能想象出他们的视线，可见我们的这种能力有多么惊人。

还有一点值得注意，那就是：第三人称视角是观察者的视角，即旁观者的视角。一旦“我”采取了第三人称视角，这段时间内的主人公就不再是“我”自身了。人生归根结底是对时间的经历，而我们却无法亲身经历这些宝贵的时间。人们在回忆可怕的场景时之所以会选择第三人称视角，也正是出于这一原因。采取第三人称视角的话，对事件的投入度就会减轻，从而拉长事件与当事人之间的距离。

然而，这种现象同样适用于正面的经历。比如说极其简单的事情——切萝卜，当采取第三人称视角时，我们能够感受到的快乐要远远低于第一人称视角时的。前文中萨特提到的学生就是为了给其他学生留下好印象，而没能听进去授课内容。如果我们一直通过第三人称视角生活的话，我们的人生说不定就只会留下一层空虚的外皮。

人生的主人是谁？

最后，我们需要铭记的四个字便是“脑内妄想”。我们有时会不由自主地意识到他人的视线，并感到恐惧。然而，正如前文中的焦点效应和被概化的他人的内容中所提到的，归根结底，他人的存在就是我们自己创造的。通过观众的视线看待自己的第三人称视角也是自己创造的。

这一道理看似简单，但现实生活中的妄想家为数不少。因为负担感，我们难以发挥应有的实力，逃避他人、恐惧、畏缩等举止真的很容易让我们遭到别人拒绝。此外，为了掌握观众，过分以观察者视角生活的话，我们就会错过很多人生的真谛。

当然，人应当在乎别人的目光，有时也要采取观察者的视角。因为只有这样做一个人才能与其他人形成共同体，从而享受正常的人生。关键是，这些过程都是有代价（cost）的，所以始终不能脱离一个“度”字。

东方文化圈中的人往往比其他文化圈的人更容易在乎他人视线，即便是买一个小小的牙刷也是如此。如果你意识到了平时自己过分在乎别人的目光，就要好好想一想，有没有因为这些毫无疑义的烦恼错过真正重要的东西。

03 隶属需求啊，帮帮我的人生吧

让生活更加润滑的隶属需求

在前文中我们了解了隶属需求所导致的现象，即孤独感带来的痛苦和过度在乎他人视线的问题。接下来，让我们进一步了解一下能够高效改变日常生活的实用隶属需求。

不要跟别人说你减肥的事情

在前文中我们提到过，他人的认可会对人生产生积极的影响。无论是以实现自身价值为目的的人生，还是“我”无与伦比的才华，都只有在得到他人的认可时才会发光。

这一道理会影响到我们生活中的所有事情，小到刷牙洗脸，大到人生目标。很多女性的首要目标——减肥也不例外。学者们通过研究给出了一个建议，即“不要让别人知道你减肥的事情”。乍一想，我们会觉得想要得到更好的减肥效果，就应该积极地将自己减肥的事情告诉周边的人，从而寻求帮助，但学者们为什么会给出相反的建议呢？

人们减肥的最大原因之一便是变得更好看。假如我们处在以肥胖为美的标准的社会中，那么减肥并不能成为如此受人关注的话题。在将苗条当作美丽标准的社会中，没有人会努力增胖；同理，在将肥胖视为美丽标准的社会中，也不会有人刻意减肥。

如果周围的人不断希望你维持现在臃肿的状态，并且通过各种甜言蜜语称赞你肥胖的身躯的话，恐怕你减肥的决心会在不知不觉间消失殆尽。

这就是不能把减肥的事情告诉给他人的原因。学者们认为，每个减肥者的家人或朋友超重的可能性也很高，因为他们和当事人有着相同的生活习惯。这种情况下，肥胖便会成为该集体的一种文化，并充当连接成员的纽带。正因为如此，对周边的人说“我在减肥”，就相当于说“我要脱离这个集体”，而周边的人会本能地表现出反感的态度。

这种反感会演变成“你略胖的时候更好看”等让人泄气的反馈，最终成为妨碍减肥的因素。随着减肥计划的进行，当事人就会逐渐感觉到自己正在被小圈子孤立，如此一来，如果狠不下心的话，减肥就很难取得效果。

相反，如果周边的人对你的减肥举动表现出友好反应的话，你能不能透露减肥的事实呢？学者们主张，即便如此，最好也不要透露减肥的事情。因为一旦自己的目标被他人得知，并被他人认可时，当事人就会产生“已经达成目标的错觉（Sense of completion）”。

学者们认为，到处招摇自己的目标和梦想，容易妨碍这些目标的完成。所谓达成目标，通常来讲都是指得到他人的认可，而一旦对他人说出目标，就很容易得到“哦，是吗，真棒，你肯定能做到”等正面的反馈。这就等于在达成目标之前你就得到了他人的认可，如此一来，达成目标的必要性会大大降低。因此，拿着目标到处招摇的人实际上很少能成功。

当然，正式在他人面前宣布目标帮助了当事人向着目标努力奔跑，而且还得到了周围人的帮助，更加轻松地达成了目标的状况也偶尔存在；但对于减肥的事情，在要不要和别人说的问题上需要再三考虑。

那么，如何才能成功减肥呢？让我们详细了解一下学者们的建议。

1.（如果周边已经形成了肥胖文化）尽可能不要对外人说减肥的事情。

2. 就算说，也要尽量避免“我打算减肥”等模棱两可的表达方式，而应当透露什么时候、在哪里、用何种方式减肥等具体内容（将达成目标的标准具体化，相比于模棱两可的表达，更能够减少已经达成目标的错觉）。

3. 如果周边已经形成了肥胖文化，就不要找那些能够通过你的肥胖得到心理平衡或满足感的人寻求建议了，而是要找能够提供实际帮助的减肥专家们。

最终可以归纳为，“减肥这种事情，要么偷偷做，要么和专家一起！”

Talk 不付出太多努力就能减肥的方法

这个世界上如果有能够不付出太多努力就能减肥的方法该多好啊！这次介绍的方法没准会让你眼前一亮。

以下选项中，对饱腹感起到重要作用的要素是什么？

1. 实际摄取的量，如摄取2公斤食物。

2. 自认为摄取的量，如“嗯，差不多吃饱了”。

吃得越多，肚子就越饱，这是再自然不过的道理，所以任何人都会认为第1项对饱腹感有着绝对的影响。然而，近年来学者们通过研究发现，第2项的影响完全不亚于第1项，甚至要大于第1项。即，对摄取食物量的主观判断会对实际饱腹感起到重要的影响。

下面是在实际会议场所展开的一项实验。会议场放着两张桌子，一张桌子上放着贴有“Medium（中号）”标签的盘子，而另外一张桌子上放着贴有“Large（大号）”标签的盘子。然而，这两种盘子的实际大小一模一样，上面放着的曲奇饼干数量也一样（各有15个曲奇，每个曲奇有80克重）。

会议结束之后，研究者观察哪个盘子上的曲奇被人们吃得更多。结果表明，人们吃的Medium盘子上的曲奇要多于Large盘子。然而，接下来的调查结果表明，这些人感到了更小的饱腹感。而类似结果在其他各种研究中也得到了反复确认。

吃Large盘子上的曲奇的人们会通过标签上的信息认为自己吃得

比较多，而这会影响人们的饱腹感。

食物摄入量的感觉对饱腹感的影响能不能被应用到减肥中呢？

研究者让实验对象2周之内在自助餐厅享用午餐，并随心所欲地挑选食物。对其中一组参与者提供了标有容量的Large、Medium的盘子，以便于让他们了解自己吃的量，而对另外一组参加者则只提供了普通大小的盘子。

2周之后，研究者们测定了参与者们摄取的总热量和体重，结果显示标有容量的那一组实验参与者平均摄入量要少250卡路里，而体重也自然减少了0.5公斤。如果知道自己吃了多少，人们就会比不知摄入量时更容易产生饱腹感，而如此一来，就能够自然地减少了食物摄取量。

这些成果如果被应用到实际的减肥中会有什么效果呢？单凭知道自己的摄入量便能减少体重的事实无疑是既轻松又有效的方法。

将自己的行为公共化

穿着一身运动服，脸都不好好洗，头发随意扎在头顶，在房间里滚来滚去的你，和为了重要的约会而用心打扮走出家门的你——这两种形象之间存在太大的差异，甚至会让人不敢相信这是同一个人。

暴露在他人视线中是一种特殊的状况，就像走上舞台一样。像这样在他人视线存在的状况就会变成公共（public）状况。公共状况和独自一个人待在房间里的私人（private）状况有着很大的差异。在公共状况中，你要考虑每一句话、每一个举动可能产生的影响。说完某句话、做完某个举动之后，我们自己在两种状况中产生的感觉也会有所不同。因此，我们会在私人状况和公共状况中有不同的表现。独自一个人在自己的房间里时，我们会随心所欲地唱歌跳舞，因为不管怎样都不会有人投来异样的眼光；而当我们在公共场合中做出这些举动，就很容易听到别人称我们为疯子。

也就是说，他人的视线存在与否会带来很大的差异。心理学家戴安娜·泰斯（Dianne Tice）称，这种差异会对认知“我是怎样的人”，即自我概念带来影响。比如，丛林中一株大树倒下了，然而没有人看到或听到这棵树倒下。那么这棵树到底有没有倒下呢？假设我就是这棵树，我犯了一些错误，但这个世界上却没有人知道这件事，那么我到底是不是犯过错误的人呢？我会不会把自己当成犯过错误的人呢？

答案就是，只有处在他人视线存在的公共状况中，我们才会认为自己是犯错误的人。相比独自一人时摔倒，在众目睽睽下摔倒更有可能使当事人抱怨自己的愚蠢。

泰斯要求人们进入房间之后表现为外向性格的人。泰斯将条件分为两种，分别设置了有他人视线和无他人视线的状况。实验参与者中有一半是在空无一人的房间里自己作秀，而另外一半则在有观众的房间里表演（这组实验者事先得知房间外有人通过只能从外部看到内部的玻璃观察着他们）。

在实验结束之后，泰斯让实验参与者对他们的性格调查问卷作答。没有人看着自己的状况和有他人注视着的状况中，哪一组实验参与者会认为自己是外向的人呢？

正如预期，知道房间外有人注视的人更倾向于认为自己是外向的人。就算做相同的事情，只要有他人的视线存在，人们便会将这些行为当作自己的特征，即内在化（internalize）。就这样，他人的视线在我们自我认知的过程中起到了重要的作用。

还有一些研究者通过问卷调查了解到了那些在乎他人目光的人会不会“觉得”自己是外向的人，以及这些人在现实生活中会不会做出外向的“举动”。

随后，研究者让实验参与者暂时待命。房间里已经坐满了其他人（研究者和群众演员），因为没有多余的椅子，实验参与者只能亲自去拿一把椅子坐下。研究者们测定了实验参与者摆放椅子的地点与房间里的人相隔多远。这种方法是测定外向行为的典型方法，而外向的人相比于内向的人，更倾向于坐在离其他人更近的地方。

果不其然，在他人视线条件中的实验参与者（坐下的地点与其他人相距146厘米）比另外一组实验参与者（与他人相距159厘米）坐下的地点距离其他人要近13厘米。即，在他人注视下做出外向举动的人不仅产生了“自己是外向的人”的想法，还体现在了实际行动上。从中可获知，公共状况中的言谈、举止和经历要比私人状况中的发挥更大的效果，从而改变我们自身。

这和我们在公共状况中更在乎话语和举动是相同的道理。正因为如此，人们才会通过正式宣言等行为表达决心。如果想做到某件事，除发表宣言，让其他人经常注视自己的行为也是不错的方法。正如前文中所说，率先宣告目标的话，就会得到“不错，你一定能做到”等正面的反馈，从而产生已经达成目标的错觉。在公共场合中做出这种举动，人们就能够更好地完成目标，正如实验中在他人注视下做出外向举动的人变得更加外向一样。

提高投票率的一种方法

在前文中我们已经谈过，在公共场合的发言或行为很难与私人场合的相比，渴望变化的人可以在大众面前表现出相应的形象。而有一个相似的原理可以运用在选举方面，让更多人走进投票场。

第三人称视角就是通过观众的立场看待自己的视角。想象一下，你和朋友们一起去出游，拍集体照时，你充当临时摄影师给朋友们拍了照片。有你的照片和没有你的照片，哪一种更能够证明你参加过这次出游？当然是有你的照片更能证明你的存在。

两张照片的最大差异便是“视角”。没有自己的照片是通过自己的双眼看待世界和他人的第一人称视角，而有自己的照片则是通过他人的视角看待世界和他人的第三人称视角。就这样，如果在某种行为上采取了第三人称视角的话，我们就能够明确地认识到自己就是这次行为的主体。因此，有些时候如果通过第三人称视角想象某件事情的话，就能够产生自己的行为公共化的感觉，相当于做出某种宣言的效果。

女孩丽萨·利比（Lisa Libby）和她的同事们突发奇想——如果运用第三人称视角原理的话，就能够显著提高投票率。当时正值2004年美国大选。大选20天前他们便要求人们分别用第一人称视角和第三人称视角想象自己投票的情景，随后让人们回答对投票持有何种态度（是否会如期投票，投票行为对自己有多么重要的意义，如果不投票的话会不会后悔，等等）。

20天之后选举结束，研究者们询问实验参与者是否投了票。为了减少虚假回答，他们便提问道："很多人称因未被注册为选民，或因身体不适未能投票，您呢，投票了吗？"结果，当时想象第三人称视角的人的投票率（90%），比想象第一人称视角的人的投票率（72%）高出18%。想象第三人称视角的人相比第一人称视角的人对投票持有更积极的态度，并且拥有更高的投票意愿。

在不分伯仲的状况下，小小的投票率差异也能够影响国家的政治体系，可想而知18%这个数字有着多重要的意义了。仅仅是视角上的差异便能够带来如此不同的结果，是不是很神奇？由此可知，明确将自己的行为公共化可以明显改变行为的意义和重要性。

面红耳赤会提升可信度

前文中提到过，当暴露在他人视线中时，人们会出现很多变化。而这些变化是从"感知"他人视线开始的。

通常，我们对他人的视线非常敏感，比方说，我们能够准确地感知他人的目光投向何处。我们时常会遇到这种状况：感觉有人在看我，一回头果然如此；或者我的视线随着他人视线的移动而转移。

显示器中出现了正视前方的人脸（图画或照片）。人脸固定在显示器的中央，而研究者们要求实验参与者继续注视画面。过一会儿，画面中的人会将视线转向左侧（或右侧），而左侧（或右侧）会出现一个小星号。实验参与者的任务便是以最快的速度根据出现的星号按下按钮。

在画面中的视线的指向与星号出现的方向一致的状况和相反的状况中，

究竟实验参与者对哪种状况的判断更迅速呢?

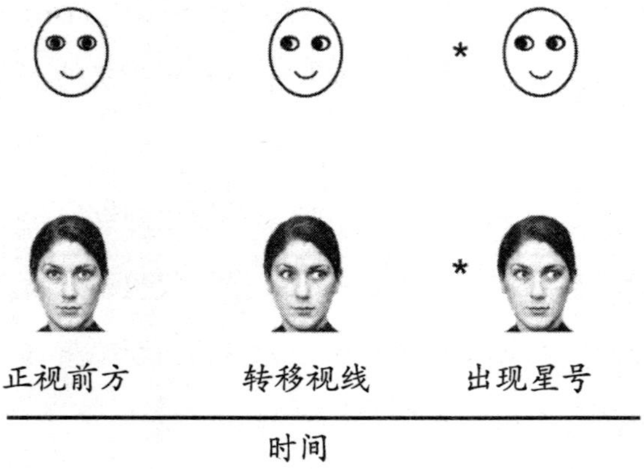

上：方向一致　下：方向不一致

无论视线方向如何，只要出现星号就按按钮。

相比起不一致的状况，实验参与者更容易在方向一致时做出迅速按下按钮的反应。

之所以会出现这种现象，是因为我们的眼睛会自然而然地跟着画面中的视线移动。星号出现的一瞬间，如果画面中的视线与星号出现的方位一致，我们就可以迅速做出反应。但如果两者出现的方位相反，我们的反应就会变慢。这种根据他人视线的移动而转移视线的反应会出现在出生后的第三个月。这种把握他人视线的能力是社会性技能中最基本的技能。

迅速对他人的视线变化做出反应的现象还可以表现为脸红。感到害羞或惶恐时，我们的面部就会变红。这就相当于脸上出现了“我做了害羞的事”几个字，而这种“脸红现象（blushing）”是重要的社会性技能之一。

今天眼线画得不好，别人却一直盯着我的眼睛看；走路时不小心摔倒，感觉所有人都在朝笑自己；一群人围着我祝贺我生日快乐……这些被他人视线包围或想象自己被他人视线包围的情况总会使我们的脸变红。学者们认为，这种面红耳赤的反应是对社会性状况的特定身体反应。当我们摔倒时，如果有他人在场，我们就会脸红；而如果在一个没有外人的房间里，我们就不会出现脸红的现象。

让我们了解一下他人的视线会对脸红现象起多大的作用。第一种是他人正在注视着“我”的状况；第二种是他人虽然在“我”面前，却蒙上了眼，看不到“我”的状况；第三种是他人在不透明的墙壁对面的状况。这三种状况中，能够感知他人视线的状况（第一种状况）中的实验参与者面部温度最高。

因此，脸部变红的反应可以向我们传达对他人的存在和评价的在乎程度，或我们是否做过让人尴尬的举动等信息。比如，有些人一说谎就会面红耳赤，立马原形毕露。这些人的面部状态有悖于他们所说的话，相当于给出了“此时此刻我正在意识着你的存在，且产生了负罪感”的信号，所以只可能被人戳穿。

如果世上的所有人都会在做出尴尬举动的时候立刻脸红的话，即将自己的内心世界完全暴露在面部的话，那么至少不会有那么多人因受骗而遭受损失了吧？这也是面红现象应该存在的重要原因之一。单单靠脸红，我们就能得到对方的很多信息。经过整理，脸红的信息和作用如下。

1. 让人知道，（正在脸红的）某人正在做不正确的事情。

2. 当事人是否为自己的所作所为感到羞愧并为之反省。

3. 轻松而快捷地传达上述不易获得的信息。

如果你一直认为面红耳赤是一件不值一提的事情，那么现在是否为它那方便而重要的作用感到惊讶了呢？正因为面红现象的这些功能，一些学者通过研究证明，越容易脸红的人越值得信赖。

相信某人就相当于判断对方是一个对自己“安全”的人。如果说你的朋友做了一件有害于你的事情，但是瞬间脸红的话，那么这种朋友至少比说瞎话时面不改色的人安全得多。换句话说，这些人可以成为值得信赖的朋友。我们有时会觉得容易脸红的人更可爱，这也是出于相同的原因。

有些人因经常脸红而感到烦恼，但我们要铭记一点，即面红带来的好处要多于坏处。如此一来对脸红便能够感到欣慰了。

献给那些付出多少就渴望得到多少的人们

渴望得到他人认可和爱戴的欲望——隶属需求，是每个人都具有的普遍需求。大部分人都渴望和其他人维持良好的人际关系，而一旦出现差错就会感到痛苦。然而，这种社会性需求也存在个体差异。有些人隶属需求很强烈，而有些人则并不那么强。因此，在面对相同的状况时，隶属需求的强度差异会导致人们出现不同的反应。受到隶属需求大小差异影响的最典型行为便是生气和宽容。

我们往往会认为，隶属需求越高，就越渴望得到他人认可，因此会尽量避免做出招人讨厌或生气的行为；而且无论对方做出何种举动，都能够以宽容的心对待。但事实却并非如此。隶属需求越高，就越容易生气，也越不擅长原谅他人。为什么会这样呢？

电影中人物之间出现矛盾时，一方总是对另一方说：“你怎么可以这么对我？”这句话包含了多层含义，其中最典型的便是“我明明待你不薄”和“我对你付出了多少，你就应该回报多少”。也就是说，我们总是期待能够从对方身上得到同自己付出的那部分相等的回报。

这种相互性（reciprocity）概念是人际关系中最为核心的要素之一。单方面给予或单方面索要的关系并不健康，很难持续很长时间。就连请客吃饭也要轮流转，彼此之间的关系才能维持下来，只有这样才能维系健康的关系。

值得注意的是，隶属需求越高的人，就越容易陷入这种公式——隶属需求高的人非常渴望得到爱和关怀，因此无论是出于主观还是客观，都会为人际关系投入大量精力。正因为如此，这些人也会期待对方提供相应的回报。这种过高的期待有时会给人际关系带来副作用，这些人会轻易被对方的一举一动所伤，承受巨大的挫折、背叛和愤怒。实际研究结果表明，隶属需求越高的人，就越容易感受到他人的背叛，也不擅长谅解他人。

如果轻易就会被别人惹怒，无法及时挽救误入歧途的关系的话，无论是当事人还是周边的人都会感到这份关系非常累人。越是执着于关系本身，就越会过分期待他人的回报，由此可知，宽容对待他人的方法不就是“不要过于在乎他人”吗？渴望维持宝贵的关系，渴望得到他人的爱，是理所当然的事情，但如果超出正常限度的话，就会给自己和对方都带来痛苦。

如果你对于人际关系过分在乎，且容易受伤的话，就试着坦然地面对各种关系，看看结果会如何吧。努力看淡他人的目光，寻找除他人的爱之外能够让自己开心起来的方法。此外，如果你在周围遇到这种人，就试着去理解他们因隶属需求产生的对爱的渴望吧。

社会生活最艰难

到此为止，我们了解到了隶属需求的本质和作用，如提供有效减肥的方法，提高投票率的方法，了解面红的人能够提升自身可信度的事实，提供对他人宽容的方法，等等。由此可见，隶属需求存在于我们生活中的每个角落。至于为什么说隶属需求是人类的所有需求中首屈一指的需求，并且是理解自身和他人的出发点，现在诸位可以理解了吧？

如果不谈隶属需求的话，社会心理学中就没什么可以谈论的事情了。从此时此刻的举动到面向未来的目标，对我们的人生产生重大影响的正是对爱和认可的渴望以及实际得到的爱和认可。如果能够维持较好的人际关系，我们就会享受到无与伦比的幸福和快乐；但如果被他人孤立，我们就会承受巨大的孤独。如果过分在乎他人目光，一定要保持良好形象的负担感会让人喘不过气来。在设定多样的目标时，人与人之间的人情也是需要考虑的重要因素。我们时而会过度评价他人对我们的看法，时而会将在公共场合中做出的举动当作自己的真面目，时而会过分执着于人与人之间的关系，时而会陷入沉重的背叛和愤怒，无法自拔。

如果能够了解我们的社会性需求的真面目和由此引发的各种现象，我们就可以或多或少地理解我们的人生为什么会存在那么多问题了。解决任何问题的第一步都是从了解问题出发，因此多了解社会性的人生知识可以帮助我们理解、接触并解决人生中的绝大部分问题——人际关系和社会生活问题。

为此，我们集中介绍了如同人生尖刺一般的人际关系问题中难以理解的部分。在获取他人的认可和爱，即铸造良好人际关系时，会出现哪些积极的现象，以及维持这些积极的关系必备的各种技巧是什么，就是我们接下来要了解的问题。

Part 2
离幸福更近一步的你

如前所述，我们不仅仅是社会性动物，而且是最具社会性的动物。所以，得到关爱和认可对于我们的生活非常重要。在社会中建立良好的人际关系是一件非常重要的事情，同时也相当困难。但是，如果能够做得好（即维持良好的人际关系）的话，我们会非常欣慰并感到高兴。也就是说，这种建立关系的过程，在带来痛苦和困难的同时，也会带来幸福和喜悦。比如说，失恋或者被排挤的时候我们会像中枪一样痛苦，但是与恋人和朋友建立起良好关系的时候，那种幸福感是比棉花糖还要甜蜜的。

实际上，很多研究已经表明，良好的人际关系能给我们的生活带来快乐和幸福。接下来我们来具体讲讲良好的人际关系是如何丰富我们的生活的。

01 人到底如何变得幸福?

良好的人际关系是幸福的必要条件

在过去20年相关的研究结论中，最值得注意的是良好的人际关系是幸福的必要条件。对于幸福而言，比起钱、名誉、权力（这些因素只会在很小的程度上影响到幸福）等，良好的人际关系更加重要。“宁可失去金钱也不要失去身边的人”这句话讲的就是这个道理。

那么，让我们观察一下良好的人际关系是怎样使我们的生活变得丰富多彩的。人们觉得什么时候最幸福呢？内向的人如果加强与他人沟通的能力会变得幸福吗？某些艺人认为结婚的事情应尽量往后拖，结婚这件事真的那么疯狂吗？给予爱和关心获得的喜悦与得到爱和关心获得的喜悦有什么不同呢？带着这些问题，让我们找一下在各种各样的人际关系中获得幸福的方法吧。

幸福其实很简单

人生就是时间。“你过得好吗？”这是对某段时间的日常生活过得怎样的提问。至少对于幸福而言是这样的。

用研究幸福的学者艾德·得内（Ed Diener）的话来讲，取得巨大成就或者赚很多钱，又或者掌握很大权力，与幸福毫无关系。成为国家元首或者亿万富翁所带来的喜悦不会持久，人的心理会很快回到原来的状态，返回原来的幸福水准。也就是说，感情不像金钱那样能够堆积。

再强烈的幸福感也会随着时间的流逝而变淡。“幸福的人生”不在于幸福的“大小”或“总量”，而在于幸福的事情会不会经常发生，即幸福感出现的频率更重要。

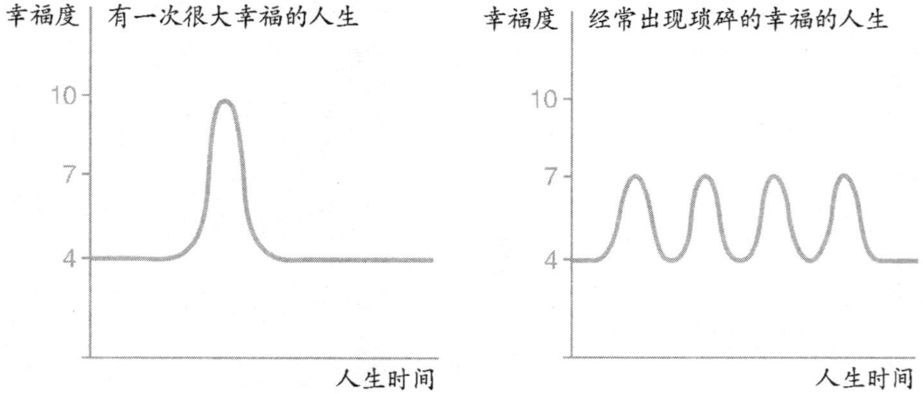

哪个是整体幸福的人生？

来看一下前面的两个图表。左边的图表可能表现得有点极端，这个图表有一次10分的幸福度（非常大的成就），然后就基本上没有任何幸福度；右边的图表虽然没有非常大的幸福度，但是经常有7分左右的琐碎的幸福度。

上述两种情况，哪一种才是在时光的流逝中持续的幸福呢？可想而知，过着右边的图表展示的生活的人会比左边的人更加幸福，让他们快乐的事情也会更多。

如上所述，对于幸福，诸如“人生就是搏一次”之类的话是不恰当的。比起比较稀少的强烈的快乐，持续不断的小小的幸福才会使我们的人生更加幸福安稳。

所以，“把握好现在”可以说是有科学根据的。如果只为了取得一次大的成就而生活，不在乎平时偶尔出现的小幸福的话，我们这辈子是不会幸福的。把握好现在和将来，争取每一天都快乐地生活，才是通向幸福的正途。

所以，在小事情上也心存快乐和感激，或者在日常生活中发现小惊喜，都会比中百万元的彩票获得的喜悦感更能让人感觉到生活的丰富多彩。那么，你在日常生活中对于那些容易被忽略的小事会心存快乐吗？

我们可以与几位朋友分享生活中的那些小小的快乐，例如下班路上喝一杯爽口的啤酒，与别人愉快地交谈，分享趣味相投的话题，通过书籍或者文章了解更多新鲜事物，等等。在平淡的每一天，用这些小小的快乐填充我们的生活，那该有多幸福啊！因为这些都是习以为常的小事，所以也很容易实现。

能让我们感到幸福的多姿多彩的活动中，最具代表性的都有哪些呢？在日常生活中，我们选择做什么才能够最大程度地感受到幸福呢？我们来看一下最近刊登在《科学》杂志上的一项研究。

心理学家马修·凯玲沃兹（Matthew Killingsworth）与丹尼尔·吉尔伯特（Daniel Gilbert）为了深入探寻人们的日常生活而进行了一项实验。他们实时收集了实验参与者们“正在做什么，当时的情绪如何”等资料。他们通过智能手机的应用软件时不时地询问参与者现在是否幸福。然后给他们发放了包含20种日常生活事物的问卷，询问他们正在做什么事情，然后将这些内容以打分的形式整理出来。比如，如果实验参与者正在与朋友对话，那么他们的幸福度便是8分（满分为10分）。

用此方法可以避免“做什么事情的时候感受到多大的幸福”等形式的记忆，避免记忆的扭曲，或者其他人为的改变。即通过这种方法能得到最能反映现实的数据。

研究结果表明，在多种日常活动中，与其他人一起的活动与幸福有着密切的关系。与恋人说笑的时候，运动的时候，与人对话的时候，吃好吃的东西的时候，人们总能感到很大的幸福（相反，工作的时候，在家里玩电脑的时候，上班的时候，人们通常不会感到幸福）。

最终，幸福的人生取决于如何将人生的每一瞬间过得幸福。这种结果表明，只要与你喜欢的人一起分享快乐，一起吃好吃的，偶尔一起运动，你就可以过得幸福。

幸福的获得是不是比想象中要简单？这是很确定的事实。你是不是还认为幸福是需要经历千辛万苦才能得来的非常庞大的东西呢？为了想象中的幸福，你是不是还觉得想象中的幸福需要付出不懈的努力呢？幸福其实不是什么很难获得的东西。从现在开始，把握住就在自己身边的幸福，重新翻一翻之前因为繁忙而没有保持联系的朋友的电话号码吧。

融洽的人际关系是人类最大的快乐

有这么一个人，他不太喜欢聚会、聚餐等喧闹的场所。处于那种场所他会觉得心神不安。他与别人在一起的时候并不会主动引导气氛，而是喜欢听别人说话，只是必要的时候才小心翼翼地传达自己的意见。做事的时候他喜欢自己思索自己解决，而不是与别人一起想办法。尽管偶尔与亲近的人一起聊天会让他觉得生活很美好，但他还是非常喜欢自己一个人待着的安静时光。可以说这个人的性格偏内向。你是性格内向的人还是外向的人呢？

在嘈杂的环境中也能保持安静，没有其他人的时候也不会感到不适的人一般是内向的。说到内向的人，我们可能认为他们是社会性不足的人——不喜欢与其他人见面，而且与人相处时很小心。但是内向并不意味着对他人感到恐惧。内向的人比起外向的人只是相对更安静一点，相对不经常与人交流而已。

人们因为有这种偏见，或者真的是因为内向的人相对而言更不愿意融入集体的现象，人们会对“内向的人是否不喜欢其他人”这一点感到疑惑。内向的人真的是因为更喜欢独处而不愿与别人建立融洽的关系吗？但是要想获得幸福，身边就要有关系融洽的人，内向的人难道真的无法获得幸福吗？

为了解决这些疑问，心理学家威廉·佛里森（William Fleeson）与同事们进行了2周（每天3个小时）的调查研究：询问人们做了多大程度的外向行为，情绪又如何等问题。

他们观察了一个人与别人的关系融洽或者不融洽的时候，情绪是如何改变的。结果显示，不管是性格内向的人还是外向的人，与人融洽相处的时候都会感到情绪良好，无一例外。

我们通常会认为外向的人更喜欢融洽的人际关系，事实上，内向的人和外向的人在这方面对快乐的感知没有任何差异。与外向的人一样，内向的人也乐于与别人见面。

研究者们怀疑这种结果是不是因为隔几个小时就问一次（频率过高）而产生的。内向的人们在做完一次社会行为之后，可能只是暂时性地感到快乐，很快又会情绪低落。而在研究的过程中，这一部分或许被漏掉了。为验证这种可能性，研究人员又以一周为单位进行了与上述问题相同的调查。这次的结果同上次的一样，即不管是外向的人还是内向的人，都喜欢与人相处。也就是说上述怀疑是不存在的。

这些结果在实验室进行的实验里也反复出现。在实验过程中，人们在交流的时候扮演外向的人或者内向的人，结果两种类型的人都说扮演成外向的人比扮演成内向的人心情更快乐。令人惊讶的是，这种效果对内向的人更加明显。与外向的人相比，内向的人做出外向型行为之后心情会变得更好。

这些结果表明，内向的人相对更少地与人相处并不是因为他们不喜欢与别人在一起。融洽的人际关系带来的快乐与性格无关，这是所有人都会感到快乐的事情。外向的人喜欢与其他人建立并保持融洽关系的原因也在于此。

研究者们通过大量研究发现，外向型性格的核心并不是人们通常所认为的“高社会性”，而是在于“追求快乐”。也就是说，外向的人最大的特点是极力寻求快乐，所以他们积极主动地与其他人建立并维持融洽的关系。这与其说是与他们相处的人本身就很好，不如说是他们通过寻找快乐而获得的结果。

所以，我们可以认为内向的人比外向的人相对更少地与人建立融洽的关系，并不是因为这种关系让他们不快乐，而是他们相比于外向的人，寻找快乐的欲望不那么强烈，或者独处的时候也不感到枯燥无味。当然，也有可能是内向的人积极主动的能量不足，这一点我们会在后面讲到。不管怎样，与周围人的关系融洽对大部分人来说都是相当快乐的事情。需要注意，分辨自己是外向还是内向的人最容易的方法就是自己独处时是否会感到枯燥。如果容易感到枯燥，需要不断地寻找新的刺激或者快乐的话，那么你可能是外向的人；否则你就可能是内向的人。

我曾有段时间没有信心站在别人面前。我当时想到的是，“因为我是内向的，所以不喜欢与别人相处”。但是我很难与别人相处的最大的原因并不是我的性格内向，而是担心别人不喜欢我，即“对拒绝或者评价的恐惧”或者“很低的自尊感”。我误以为这就是内向的性格，没有正确面对自己行为的不适性，而误解了自己的性格。但是接触到前面有关内向性的研究后，我发现自己的想法错了。我把自己关在奇怪的借口里面，失去了得到幸福的机会。

婚姻是地狱还是天堂?

在我们建立的各种人际关系当中，最重要的人际关系之一就是“婚姻关系”。就像电视节目《爱情与战争》里出现的事例一样，现实中的很多人也会因为婚姻又笑又哭。有句话是这样说的：“因为不熟悉而结婚，熟悉了就离婚，忘记了就再婚。”可见婚姻里蕴藏着多少人生哲理。

很多年轻人认为结婚是愚蠢的行为。真的是那样吗？那些渴望婚姻的人就是迫不及待地想要自己打开地狱之门的人吗？结婚毕竟是人生中的大事件，应该有些好处吧？

爱情与婚姻是很多人重点关注的问题，所以心理学家也对婚姻做了很多研究。通过20多年的研究，他们得出的结论是，结婚的人比未婚或者同居的人“稍微”幸福一些。

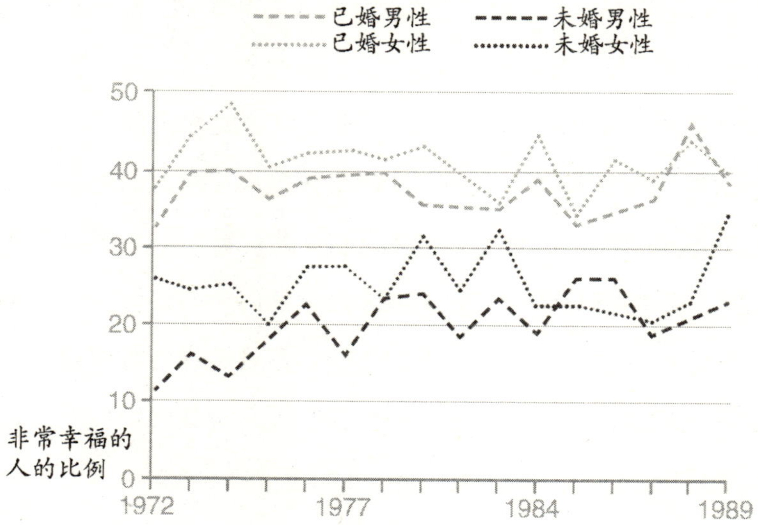

已婚VS未婚，谁更幸福？

心理学家加里·李（Gary Lee）与同事们进行了近18年的终端研究，结果表明，结婚的女性和男性（上图的上面两条线）比没有结婚的（上图的下面两条线）更加幸福。（参见上面图表）

在年龄、职业、健康、婚姻等人们普遍认为能对幸福起到重要影响的要素中，另一项终端研究也确认了只有“结婚与否”对幸福起到了长期影响。

不管年龄和收入水平如何，结婚所具有的效果是大体相同的。不管年龄多大，收入多少，有伴侣的人要比没有的人更加幸福。

心理学家克莱尔·多什（Claire M. Dush）与保罗·亚麻托（Paul R.Amato）进行的最新研究（也是终端研究）表明，幸福度高低的排位依次是结婚的人、同居的人、恋爱很久的人、关系浅的人。与恋人的关系越是认真，越是对恋人负责任，幸福的概率就越高。

神奇的是，这种现象与双方关系的质量（quality）无关。不管两个人是多么爱对方或者两个人在关系中产生了多大的分歧，只要有"认真又负责任"的关系，人们就会更加幸福。

为什么夫妇之间或者恋人之间只要维系着认真又深刻的关系就能感到幸福呢？可能是因为对于我们的人生而言，"能够陪伴一生的可靠的伴侣"的存在非常重要，也很必要。不管多吵多闹，只要身旁有人，这个事实可能就会给予人们很大的安稳感和幸福感吧？虽然彼此之间的关系并不是很融洽，但是有恋人总比没有要强。

纵然是具有血肉关系的亲戚，我们也并不总是能维持很好的关系，也不总是能够互相给予足够的关心。但是如果没有亲戚，我们就会感到空虚、不安。这就是亲戚对于我们的作用。亲戚存在这一事实就能给予我们安全感；同样，夫妻之间或者恋人之间的关系也具有这样的作用。这大概就是人们愿意通过结婚而获得的安全感的实质吧。

学者们说，通过结婚这种负责任的关系而得到的安全感中也包含了经济层面。那就是把吃穿住行的压力分成两半，两个人共同承担，所以每个人都会觉得另一半的存在会带来安全感。

所以，建立婚姻关系或者恋人关系对于得到幸福而言是可行的一种方法，所以结婚并不一定是愚蠢的事情。

当然，是继续保持浅层关系还是尝试着选择结婚等更深层次的关系完全是个人的自由，但是需要记住的是，发展为互相负责任的关系并不仅仅是一种负担，我们从中肯定会得到安全感、幸福感等补偿。如果一直因为要承担责任而犹豫不决，那我们最好重新考虑一下。

一般来说，互相不期待太多也不付出太多的关系很轻松，但是研究结果表明，有丈夫或妻子的人比没有的人更加幸福。所以我觉得能够对人生质量起到帮助的良好的关系是彼此之间会哭哭闹闹，但同时又是深化而且成熟的关系。“结婚是地狱”这句话可能是彼此之间的关系发展到那种程度必须要经历的关卡。正是因为有感情的摩擦和意见的对立，以及与现实问题的斗争，那句话才出现了。遇到这些问题，或许有时候我们确实要承受地狱般的痛苦。所以在婚姻关系和恋人关系中，我们会有负担，有恐惧，有时还会受挫跌倒，但是只要敢于献身于深度关系，我们就能获得幸福。

奉献比索取更加幸福

你真心喜欢过一个人吗？你是不是想到那个人就会露出微笑，一直想着如何让那个人开心？你有没有过这种经历？喜欢上一个人，你就想与对方分享所有的快乐。递给对方装满自己心意的礼物的时候，看到对方收到自己的礼物而开心的时候，我们所感受到的快乐不比自己收到礼物的时候小。

就像前面所说的那样，关系越深入、越认真，幸福感就越强，这也说明给予的快乐能带回很大的幸福。但是如果只是见一面的关系的话，有些人可能会这么想：与其给予爱情，不如充分享受对方给予的爱情，尽可能享受快乐才是最大的目标。毕竟只是见一面的人，哪有必要投入那么多？只是享受一下就可以了。

在这种关系下，有人会想办法通过对方尽可能多地得到物质上、精神上的满足，而自己却会尽可能少地付出。在这种关系还不成熟的阶段，会出现一方索取、另一方“榨取”的现象。

但是随着关系更深入，单向的付出或索取是不能很好地维持关系的。一两次可能还没有问题，但是随着时间流逝，如果两人当中的一个人收益的不公平状态持续的话，给予的一方就会感到疲倦。要想使彼此关系进一步发展，两人应当互相请对方吃饭，主动联系对方，使授予与回馈维持在差不多相等的状态。试想，如果你在精神上、物质上给予某人很多，但是对方对你的付出完全不领情，你还有心维持此关系吗?

互相的给予和付出维持在均衡水平，两人间的关系才能继续。此现象叫作“社会交换（social exchange）规律”。此规律不仅在恋人之间和朋友之间适用，对于其他多种人际关系都适用，是很重要的规律。 所以随着关系深入或者如果想维持关系，对于对方的付出，我们的回馈要大体相等或者更多。

为了深入发展关系而努力付出，这样的事可能会让人感到有点吃力，但这么做可以使彼此关系变得更有意义。

一般来讲，我们越是对某事努力，投入得越多，就越会对那件事有更多的不舍。 这也适用于各种各样的关系。对某种关系的投入越多，我们就越会对此关系赋予更多的意义。投入越多，期待也就越多。而且这种努力越多，得到好结果时候的幸福感也越大。就这样，我们以给予对方的方式为自己构建了一种具有更深意义的关系。

其实给予本身就是很开心的事情。为朋友或者恋人认真准备过礼物的人都知道那种快乐是什么。我们想象着接受者开心的模样而挑选礼物的时候，自己也会感受到同样的快乐。为身边的人做某些事情或者帮助他们的时候，我们自身也会感到很大的幸福。

我们来看看如下实验：让一位女性抓住她男朋友的手。一种情况是在没有任何事情的时候握住男朋友的手；另一种情况是在女朋友眼前给男朋友施加电冲击（不伤及健康而只是感到不适程度的电冲击），这种情况下女朋友同样要握住男友的手。

心理学家特利森·稻垣（Tristen Inagaki）与娜奥米·艾森伯格（Naomi Eisenberger）在此过程中用fMRI（功能性磁共振成像）观察了这位女性的大脑奖赏中枢（对巧克力、性行为、钱等各种奖赏产生反应的大脑区域）。结果表明，相比起握着平稳状态下的男朋友的手的情况，男朋友经受痛苦的时候女性的奖赏中枢会处于更加活跃的状态。

即相比于男朋友平稳的时候，女性在男朋友身处困难的时候以及自己能给男友鼓励的时候会感到更多的快乐。当然，相比男朋友经受痛苦而自己不能握住他的手的时候（自己不能提供帮助的时候），女性的奖赏中枢更加活泼。给予所爱的人帮助，本身就是快乐的。研究者们得出的结论是：出现此现象就是因为帮助别人就是帮助自己。

恋人、家人或者朋友对我们的人生很重要，他们处于困难中就是等于我们自身的安宁也受到威胁。此时给予身边的人帮助，使他们的生活更加便利，自己的生活也能因此得到守护。研究者们推测，为其他人提供帮助对自己的生活同样有益，所以人们在为别人着想的时候能感受到很大的快乐。

不管原因是什么，给予都无疑是件快乐的事情。通过观察各种各样的志愿活动我们就更能明白这一点，很多志愿者们会说开始是为了奉献而出发的，但是后来反倒得到了很多。有些人还说，参与志愿活动使得自己的人生完全改变了，这也说明他们通过志愿活动得到的快乐很多。

实际上，参加志愿活动确实有使人变快乐的效果。无论受教育水平、经济条件、年龄、性别如何，常参与志愿活动的人在一年之后（虽然程度很小）都会变得更幸福。

有一些倾向是已经很幸福的人愿意更多地参与志愿活动。生活中确实存在参与更多的志愿活动能使人变得更幸福的现象。参与志愿活动很多的人随着时间流逝变得更加幸福，自信心也得到提升，忧郁的症状减轻，身体健康也得到了改善。如果想变得更幸福更健康，就去尝试参与志愿活动吧。

因为付出而得到幸福的现象在为其他人花钱的时候也会出现。在领到工资或者有零花钱的时候，我们首先会想到就是“要去买之前想要的东西”。很多人自然会想到为自己买点东西，也会认为这样会变得幸福。但是为自己消费真的会更幸福吗?

在相同情况下，相同金额的钱为自己而花和为别人而花的时候，哪种情况会更幸福呢？我们会觉得为自己买衣服、买鞋的时候心情会更开心。但是研究人员发现，我们为别人花钱的时候会更幸福。

研究者分析了在平时的收入当中，在为自己花钱（吃、穿等）与为别人花钱（捐赠、买礼物等）的时候，哪种情况与幸福有关联。结果表明，为自己花多少钱都与幸福没有关系，但是为别人花多少钱却与幸福有很大的关系。即为自己花多少钱都不能使自己幸福，但是为别人花的钱越多，人们就会变得越幸福。

为了确认这一结果的真伪，研究者给了人们一定数额的钱，然后让他们为自己或者为别人去花这些钱。此时也出现了不管数额多少，为别人花钱总是比为自己花钱更能感到幸福的现象。

我们在前面说过了，财富的多少与幸福没有太大的关系。在此结合为别人花的钱越多自己越幸福这一观点，我们最终得出的结论是：相比起能挣多少钱，为谁花多少钱才是更重要的。

如果我们在日常生活中很难感受到活着的意义，或者没有意愿亲自参加志愿活动，那么不妨尝试参与小额的捐赠。想要获得幸福，没有什么方法能比捐赠更简单了。

幸福的钥匙是爱情

幸福的重要秘诀之一是建立良好的人际关系。幸福地度过我们人生的方法就是与其他人在一起。此方法对于不管是内向的人还是外向的人都是相同的。与恋人或者朋友建立更加深刻的关系会使我们变得更加幸福。分享给别人爱心的时候，我们也会更加幸福。如果你现在感到不幸的话，是不是因为没有尽全力去爱，没有尽全力去分享呢？在短暂的人生历程中，获得幸福的秘诀也就是爱与被爱。如果因为其他事情而忽视这些的话，我们的人生就会充满遗憾。

02 不去医院也能保持健康的方法

良好的人际关系铸造健康的身体

良好的人际关系给人的礼物不仅仅是幸福，还有健康。很多人不仅关心幸福，对健康也非常关注。人们总是在运动、健康的食物、各种保健食品等方面花费很多钱，可见人们对健康问题是多么关注。

实际上，良好的人际关系比那些具有代表性的保健方法（运动、吃保健品等）更能保持人们的健康。下面我们来讲一讲良好的人际关系对健康的影响吧。

容易得感冒的另有其人

关于健康，我们总是提到“免疫力”。我们不难接触到能强化免疫力的运动或者增加免疫力的昂贵保健品。但是如果这些已有的方法没能产生效果，我们是否应当尝试多结交好朋友的方法呢?

有研究发现，社会性高的人更少得感冒。著名心理学家谢尔顿·科恩（Sheldon Cohen）和他的同事们进行了有关健康和社会性之间的关系的研究。他们让实验参与者暴露于导致感冒的鼻病毒（Rhinovirus）中，然后观察了整个实验过程。其结果表明，免疫力与年龄、性别、压力激素程度、健康的生活习惯等都无关，而是与社会性的高低有关——社会性越高的人越难得感冒，社会性越低的人越容易得感冒。

下面的图表展示了从社会性最低到社会性最高的五个群体，以及每个群体中的人们得感冒的比例。

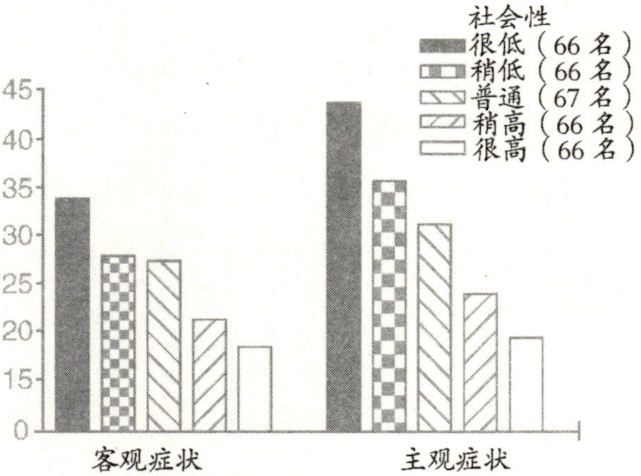

社会性越低越容易得感冒

在上页的图表中，两个表示社会性最低的群体的柱子，左侧的是以客观的感冒症状判断实验参与者是否得了感冒，而右侧的是以参与者主观的症状判断实验参与者是否得了感冒。

对比这两种情况，我们会发现社会性低的群体中得感冒的人数最多；社会性越高，得感冒的人数越少。在社会性最低的群体中，得感冒的概率是35%～45%（两三人中有一人）；相反，社会性最高的群体中，得感冒的概率只有20%（每五人中有一个）。可见差距很明显。

面对相同的病毒和暴露情况，由于社会性高低，受感染的概率却不同。这与起初的健康状态和影响健康的很多要素都无关，而是与社会性高低有关，所以说这是很神奇的结果。

另一项研究也确认了社会性越好的人免疫力也越好——把流行感冒疫苗注射之后观察抗体率，结果表明朋友越多的人流行感冒抗体生成率越高。为什么会出现这些现象呢？研究者们给出的解释是：拥有好朋友能减少负面情绪，而且能增加正面情绪，减少压力。所以多结交朋友有助于健康。

为抵抗感冒，我们可以喊出这样的口号："讨厌感冒，就与好朋友一起消除它们吧！"

良好的人际关系甚至能治好癌症

能通过人际关系治好的并不仅仅是感冒。在韩国人死亡的原因中，有一大部分是"癌症"，而"癌症"也可以通过良好的人际关系来克服。

电视剧中，有时会看到对妻子不关心的丈夫有一天从医生那里得知妻子得了癌症的消息，并被指责："天天在一起生活，你竟然没有察觉到？"

出现这种场面的原因是，如果一个人得到身边人的关心的话，即使自己感觉不到，也会通过从他们那里听到的"你脸色看起来不太好，是不是哪里不舒服啊"等疑问，来判断自己的身体状态，并及时去医院诊断。也就是说，身边有更多的人提醒你的脸色或者疲劳的状态，就能使你及早诊治，从而避免疾病变得严重。

实际研究也表明，相比起独自生活的人，结婚的人更早地发现癌症的概率更高。对于身患癌症的人而言，初期诊治非常重要，所以能给予我们细致关心的人的存在是非常珍贵的。

除了更早地发现疾病，在治疗过程中，患者以乐观的态度与病魔斗争也会对战胜病魔起到非常重要的作用。每当因为痛苦而想放弃的时候，如果身边能有人鼓励自己，跟自己说"你能做到！"这就是很大的帮助。

几年前我住过院。倒不是说病情有多严重，而是当时我对于身体有问题这个事实本身就感到非常沮丧。但幸运的是，朋友们都抽空来看望我，并且鼓励了我。这让我鼓起了勇气。我在并不严重的疾病中体会到了这些，提升了战胜疾病的信心。对于那些要长期与病魔斗争的人们，身边人的关心就更重要了，每个人的鼓励都能为病人带来非常大的帮助。

实际上，身边有人鼓励的患者比身边没有人鼓励的患者能更快地战胜疾病，生存率也更高。比如女性乳腺癌患者，无论年龄、社会或经济地位上有多大差异，只要能从身边感受到更多的温暖和关心，见到更多活跃的人，她们战胜疾病而活下来的概率都会提升。

而且总体上来说，相比社会性越广，即朋友的数量多（虽然这也重要），深层次地结交知心朋友，进行很多深度交流，能对患者起到更好的影响。越是痛苦的时候，我们越是需要能分担痛苦的人。

因为身体不适而减少社会活动，只待在房间里的做法是不可取的。越是不健康（当然是在不勉强的前提下），我们越需要与人见面，聊一聊心里话。当然，参与更积极的社会活动也是有必要的。

在这种观念的影响下，最近有人提出了提供针对患者的社会性网络服务（SNS）的想法，也就是给患者们建立能够实时互相交流信息，并进行对话的平台。听说有几家服务平台已经问世。不管是在线上还是在线下，我们都需要进行多种尝试，帮助患者们多多参与社会活动。

说出秘密能变得健康

你是否有不能跟别人说的令你害羞的秘密？我偶尔会与熟人玩一些游戏，比如“说出最令自己害羞的事情”等。开始游戏的时候，所有人都很害羞，不愿意第一个说，但是一旦有人起头的话，大家会争着说“我才是更害羞的人”，这样就形成了一种竞争的气氛，如同“我要占据最害羞的宝座”的氛围。如此互相分享了令人害羞的一面，欢快地笑出来之后，每个人都能感到互相之间的距离被拉得更近了。

所以，我们在透露出自己秘密的时候会感受到幸福。特别是说出那些很难说出来的坏事或者令自己感到害羞的事情的时候，我们会有一种释放感，同时能感到更深的亲密感。

而且在大家面前说出“每天都在被窝里挣扎”的记忆，能使自己更快地从苦恼和害羞当中解脱出来。我们一般会认为，如果别人知道了自己羞耻的一面，我们就会感到羞愧，无法面对那些人；但是事实与这种猜测完全不同，我们会看到人们无所谓的态度，并且意识到这些事情根本没有自己想的那么严重。

相反，不与其他人分享秘密，将自己的秘密深藏心底的人们经历更多不好事情的概率更高。首先，我们不想让别人知道的东西越多，与别人的关系就越不舒服，而且自己会产生被排挤的感觉。为了保护秘密而隐藏感情，这本身就会成为一种压力。这些压力还能成为恶化健康的因素。例如没有出柜的同性恋者相比起出柜的同性恋者，患上严重疾病的概率更高。

发生非常糟糕的事情时，与身边的人聊一聊通常都有助于减少压力，恢复健康。因为面试失败而感到受挫的时候，考试成绩不如意或者家里有不好的事情时，与好朋友说一说这些事情，不舒服的心情能得到缓解。说出来或许并不能解决问题，但是起码能减少压力。对于我来说，愿意听我诉苦的朋友们就像是出车祸时候具有缓冲作用的气囊一样。

相关调查显示，在配偶去世的人当中，与身边的人聊配偶死亡的人相比起没有谈及这件事的人能维持更好的健康状态。对于丢掉工作的人来说，有机会发泄情绪的人相比起没有发泄的人能更快地重新找到工作。

所以不管怎么说，拥有能够倾听自己的秘密或者能向其透露出非常不好的事情的朋友是很重要的。

Talk 有人陪在身边，我们就能越过艰险的山

在困难的时候依靠朋友或者家人，得到精神上、物质上的帮助，能用心理学用语“社会性支持（social support）”来表示。从其

他人那里得到安慰和鼓励，从而战胜疾病，减少压力，守住健康，这些都是社会性支持的效果。

社会性支持的效果能从多方面显示出来。不仅表现在情绪和健康领域，也表现在错觉般的感受中，例如社会性支持能让险峻的山显得像丘陵一样。你有没有觉得不管去哪里，只要与心爱的人在一起就不会感到吃力？相信多数人的回答是肯定的，所以，这些效果确实存在。

心理学家西蒙·施奈尔（Simone Schnall）与同事们进行了如下实验：让实验参与者独自或者跟朋友一起观察一座山。然后让他们用说话（语言）、画图或者用测度仪等方式汇报山的坡度。

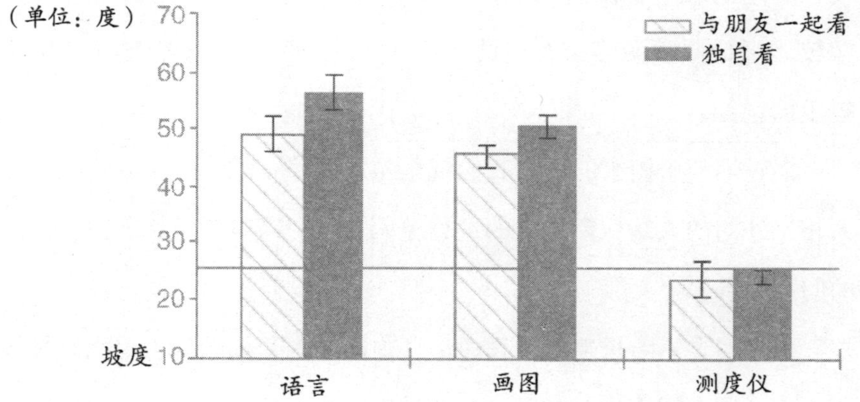

独自看山时，山的坡度VS与朋友一起看山时，山的坡度

除了使用能精确测出坡度的测度仪的情况，对比其他两种情况，结果是与朋友一起看山坡的时候，我们会觉得山的坡度更加平缓。

与其他人一起的安全感影响了视觉感受。对于眼前坡度的感知也因为身边是否有人陪着而出现一定差异，所以我们的生活也会呈现出不同的颜色，这取决于我们身边围绕着何种人。

就像有人在身边的时候我们的生活会有所不同一样，我们在某人身边的时候，他或者她的生活也会改变。

频繁搬家会提高死亡率？

我上小学的时候，我们家几乎每一年都要搬一次。我总是在快要交上朋友的时候不得不转学，所以我几乎没有小学朋友。我还记得在陌生的学校，陌生的教室，陌生的老师和同学面前自己显得很不自在。光是适应新学校，记住同学的名字，我就要花几个月的时间。现在想起来，这真不是舒服的记忆。

小时候频繁搬家的话，我们就很难形成稳定的人际关系。特别是内向的人相比外向的人结交陌生人的过程更困难，更需要时间，所以更难形成稳定的朋友关系。

而且如果不断重复此过程的话，内向的人受到的压力更大。好不容易和别人成了朋友但很快就分开了，然后换一个新地方，再一次经历这种事情，会使得内向的人感受到地狱般的轮回。频繁搬家最终会与内向人的幸福度与死亡率有所关联。

我们来看看下页的图表。纵轴表示长大成人后的幸福度，横轴表示小时候的搬家次数；方点表示外向的人，圆点表示内向人。

外向的人不管搬多少次家，幸福度变化不大。相反，内向的人搬家越多，长大之后越会感到不幸，即小时候频繁搬家有可能降低幸福度。

在内向的人当中，小时候频繁搬家的人死亡率也较高。（参考下页表，纵坐标是死亡率，横坐标是小时候搬家的次数。）

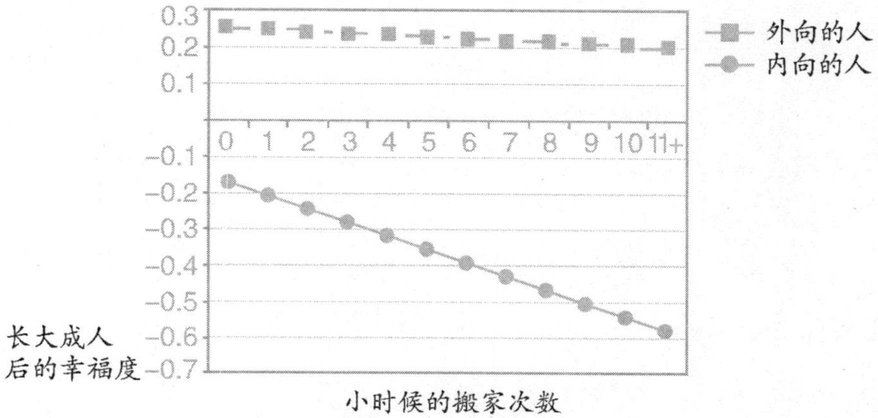

频繁的搬家与不幸的关系

从表中可以看出，外向的人小时候的搬家次数与长大之后的死亡率毫无关系。相反，内向的人小时候的搬家次数与死亡率的关系能被很好地预测。即，内向的人小时候搬家越多，寿命越短。这些现象与影响死亡率的其他因素（财富、性格、教育程度、性别）没有关系。

研究者们的解释是，出现这种现象的原因是，由于搬家而导致的环境与人际关系的变化，最终使得这些人无法建立能支撑生活稳定的人际关系，他们也因此感受到了更大的压力。

最终，能结交到青梅竹马、知己等亲密朋友的人，与没有结交到这类朋友的人的幸福度与死亡率会产生差距。相比能结交到亲密朋友的人们，不能结交朋友的人们的生活遭遇不幸或者死得早的概率更高。

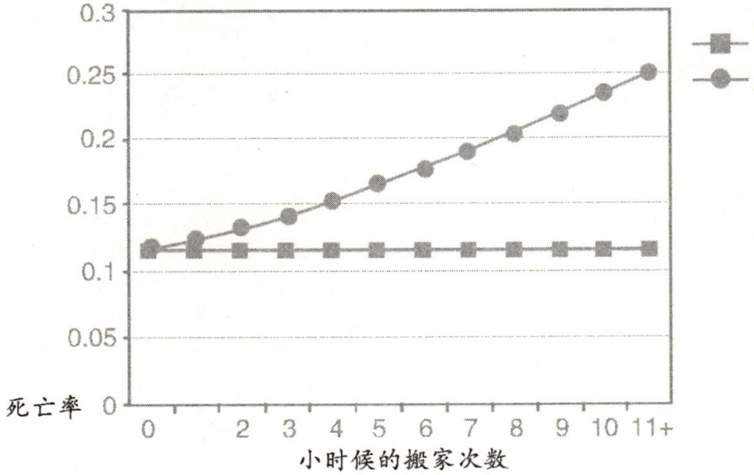

频繁搬家与死亡率的关系

当然，这种情况造成的危害程度有多大是另一回事，就像吸烟造成的危害可大可小一样，所以我们不必把这种情况看得过于严重。但是，不仅仅是这项研究，其他各种研究也表明，人际关系确实能影响到我们的幸福度和寿命。

所以，为了幸福或者为了长寿，我们要懂得结交那些令人愉悦的、任何时候都能依靠的好朋友。

健康的人际关系有利于身体健康

我们已经看到了，活跃的社会活动和深层次的人际关系能守护我们的健康。

擅长与人交流、社会性好的人的免疫力更好。懂得与他人维持亲密的关系，能得到很多关心的人在患病的时候能更快地发现，痊愈或者生还的概率也更高。而且跟朋友分享自己害羞的事情或者不好的事情，能减轻我们的精神压力，保障我们的健康。尤其是内向的人，一定要注意建立和维护稳定的人际关系，否则幸福度与生存率都会降低。

通过良好的人际关系，我们可以在健康方面获得很多益处。如果你还在忽视与其他人的关系的话，请从现在开始改变一下想法吧。

Part3
曾经迷惑不解的我们

上面我们谈到了人际关系有多重要。良好的人际关系是事关生存的大问题。人际关系好的话，生活对于我们来说就是天堂；人际关系不好的话，生活对于我们可以说就是地狱。对于我们的幸福与健康，良好的社会人际关系能起到非常重要的作用。

既然人际关系如此重要，那么为了形成良好的人际关系，我们能做的有哪些呢？现在来看看能实践的事情，即“如何能形成良好的人际关系”“哪些人的人际关系好”“为了形成良好的人际关系需要哪些技术”，以及“我们关于人际关系的误解”，等等。

01 什么样的人更能适应社会生活

寻找人际关系的乐趣的人们

生活对很多人来说都很难，我们能看到有些人活得特别幸福，有些人活得特别艰难。有些人在不自在的聚餐气氛下也能与其他人融洽相处，有些人会很不自在地露出不舒服的表情。这是因为每个人的社会性有差异。我们来看看造成这种差异的要素都有哪些。

我们是否能完全随自己的性格活着?

说到个人的差异，不能不说的就是性格。我们经常会问：“某某是什么样的人？”这种疑问是指那个人平常会想些什么，会表现出什么样的精神状态，有哪些行为等。像这种决定一个人特性的思维、情绪稳定的模式（不易改变的模式）叫作性格。

形容“某某人是什么样的人”时，我们会说他是“善良的人”“活泼的人”“细心的人”“固执的人”等。学者们收集了所有描述人类稳定的行为、思维、感情特征的词，即表示性格的词汇，以便能知道人的性格特征的构成要素。研究结果表明，人的性格主要由以下五个要素构成：

1.对经验的开放性：喜欢冒险、旅行、新的经历，展现出高度的艺术感。

2.诚实性：细心、完美、彻头彻尾的特性。

3.外向性：喜欢交际、吵闹的特性。

4.圆滑性：善良，不喜欢有摩擦，喜欢帮助其他人的特性。

5.神经症：担心多，对危险的感知快，敏感的特性。

学者们对不同国家的人进行了研究，结果发现人的性格普遍由以上五个要素组成。即这个理论有普遍适用性。现在学术界有很多性格理论和测试，比如MBTI，但是目前这个性格的五要素理论比其他任何理论都要正确。如果有人劝你说：“做一下性格测试吧。”你就应该先问问：“是基于性格五要素理论的测试吗？”

现在我们来深入地谈谈有关性格的话题吧。首先，所有人都有以上五个基本的性格要素。但是每个人的各个特性都有程度上的差异。根据这些差异，我们可以制作出有关每个人性格的地图。例如："我的开放性和外向性很高，但是诚实性和神经症很低，圆滑性一般。但是你的诚实性很高，外向性很低。"

在这些基本的性格要素中，每个性格要素都是独立的。每个要素都与其他要素无关，可高可低。当然，五种要素都可以很高，也都可以很低。也就是说，性格的组合是无限的。所以像按血型划分性格那样把性格分为几个类型的做法是错误的。人类是比我们想象的复杂得多的存在。

现在说一说更加重要的事情吧。性格要素的50%～60%是由遗传决定的。也就是说，性格在很大程度上是天生的，不容易变化。性格就像我们出生时携带的"胚芽"一样。

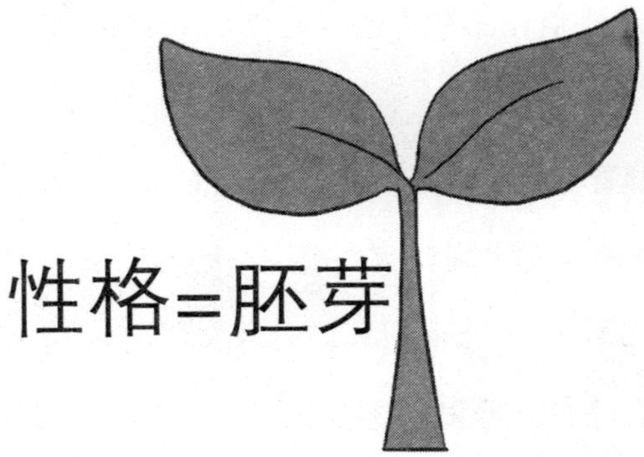

性格是胚芽

例如，有些人生来就带着"高诚实性胚芽"，这些人比诚实性胚芽少的人更容易做出细心、彻底的行为。但这也不是说诚实性胚芽少的人就不诚实不细心，只是相比之下，这些人需要更多地付出后天的努力。由于天生的性格不同，每个人的起跑线是不一样的。

比如，我的诚实性就不是很高。所以如果接到需要细心的工作的话，从开始到做完此事的整个过程，我都会感受到很大的压力。相反，我周围那些天生就有很高的诚实性的熟人就不会感到太大的压力，他们能轻松地完成这类工作。而我为了展现出相同程度的细心则需要全身心投入，看着那些随随便便就能完成任务的人，我甚至会产生嫉妒的情绪。

外向性的人也是一样的。一个人即使外向性很低，也不会成为隐居的局外人，他还是要与他人交际。但是外向性不高的人们相比外向性天生就比较高的人需要消耗更大的能量。

实际上，内向的人并不是因为不喜欢与人们融洽相处而做出内向性行为的；他们也喜欢与人们融洽相处，但是这需要投入很大的努力和精力。即为了发挥社会性，他们需要消耗的精力比外向性的人多很多，所以这类人会尽量避开社交型场所。

就这样，我们携带着不同的性格生活在这个世界上。在相同情境下，我们也会根据各自不同的性格做出不同反应，得出不同的结果。对于相同的目标，我们会投入不同程度的努力。性格会对我们的行为和人生起到很大的影响。

但是我们的性格并不能决定我们人生的所有事情。根据天生的性格行动的话，性格会决定我们的大部分行为，但是现实没有那么简单。生活中我们都想根据自己的性格来行动，但是很多情况下，我们担当的角色等需要我们扮演成另一种人。这时候我们会“扼杀”原来的性格，根据其他准则（例如各种社会规范）来行动。

如此不完全跟随自己的性格，努力做出不符合自己性格的行为的现象，叫作“自我管制”（关于自我管制后面会谈到）。

我们限制自己随着天生的性格行动的时候会使用前额叶（也就是发挥自我管制）。所以一般来说，我们的行为是由天生的性格加上根据情况发挥的自我管制决定的。

所以，我们的性格会影响我们生活的整体形势或者“一般性”的行为和思考方式，但是并不会决定我们在每一个细节上表现出的行为。我们具体的行为不仅取决于性格，还取决于很多情景要素、自我管制里的多种认知、行为的技术等。这就是内向的人有时候表现得像外向人一样的原因。

有关性格的话题就到此为止。下面我们来看一下与做好社会活动有很大关系的性格特征——外向性。

外向的人更容易感到幸福

你周围是否有总是活泼、嗓门高、喜欢与人融洽相处的人呢？如果有，那他就是外向的人。

外向的人不管做事还是玩乐，都喜欢与别人一起。我们通常说到的“社会性好”的人表现出来的行为特征就是这种外向的人拥有的特征。

外向的人会因为较高的社会性而获得多种益处。最具代表性的例子就是他们很容易就能得到其他人的好感，在面试的时候也会因为他人的好感而获益，所以外向的人进入复试的概率更高，最终被录取的概率也高。

他们不仅能获得别人的好感，而且容易喜欢别人，所以更容易维持圆滑的人际关系。他们在工作上也会保持较好的人际关系，所以对工作的满意度也较高（考虑到离职的代表性理由——人际关系问题，我们就能知道职场上的人际关系越好，对工作的满意度越高）。

在21世纪，成功的人并不是聪明的人或者有钱人，而是人际关系好的人。外向的人能以良好的人际关系为武器，在工作上获得较顺利的进展。如果自己创业，外向的人成功的概率也更高。

也就是说，外向的人会由于较高的社会性而受益。所以社会上会出现把外向的人作为榜样的倾向，而社会性不足的人们会想到要提高自己的社会性。

前面也说过，没有外向性胚芽的人为了发挥与外向性的人同等的社会性，需要付出更多的努力和精力。稍微夸张地说，这就像种了土豆种子，但是想要让它长出红豆一样，这样的做法有可能成为扼杀自己的行为；而且与其他所有性格一样，外向性也有很多缺点。

所以学者们建议还是活出自己为好。内向的人要满足于必要程度的社会性，去做社会性要求不高的工作，尽可能避免社会性要求较高的工作，这样选择才能获得幸福的人生。因为性格很大程度上是天生的，不容易改变。没有比发挥自己天生的性格特长更明智的事情了。

外向的人的另一种特点是一直充满能量，看起来很开心。相比内向的人，他们看起来总是精力充沛，非常活跃，而且不管做什么事都会很开心。总的来说，外向的人比内向的人能感受到更多的快乐。即外向的人总是追求快乐，不管在哪里都能很好地发现快乐的要素。

实际上，学者们所解释的外向性的核心要素就是“对快乐的敏感性”，即努力追求快乐并且能很好地发现它的能力。实际上，能与人融洽相处（社会性高）并不是外向性的核心要素。当然，高社会性是外向性的重要特征，但是这是外向性的核心要素衍生的副要素。很多人把高社会性定义为外向性，所以会觉得这种说法很意外；但是这种说法是真实的。

外向的人的天性就是努力寻找快乐。而日常生活中具有代表性的快乐的事情就是与其他人在一起。因此，外向性的人会结交很多人。如果在日常生活中容易找到的快乐的事情不是与人融洽相处的事情，而是另有别的事情的话，外向的人会毫不犹豫地选择那件事情。外向的人之所以社会性较高，只是因为能容易地找到的快乐，碰巧就是与人融洽相处这件事情。

实际上，相比于外向性与社会性的关系，外向性与乐观情绪，即与快乐的相关要素有着更大的相关性。外向性比社会性更注重感受和寻找快乐。

同理，外向性的人可以称为是幸福的人。前面曾提到，在寻找幸福的重要活动中，最具有代表性的就是“与人融洽相处”。外向的人相比起内向的人，会更加积极地参加各种社会活动，由此在日常生活中感受很多快乐。不仅如此，他们会积极出去寻找快乐，也有很好地发现快乐的能力，所以能更容易地维持快乐的生活。实际上，外向性在五个性格要素中与幸福有着最大的相关性，所以外向性的人比其他人的幸福度高很多。

想到外向性的人，我们的头脑中通常会浮现这种情景：对无聊的状态没有耐心，总是寻找快乐的事情，一刻不做快乐的事情就不知所措，等等。我们知道，外向性的人几乎不会一个人在家里待着，而是经常参加聚会，在聚会上主导气氛，快乐地讲话。

我的母亲是我见过的最外向的人。首先，母亲白天几乎从不待在家里。她总是早晨出去，晚上才回来，每天平均参加两个以上的聚会。如果某天没有外出聚会的事情，她就感到全身不适。最近在家待着的时候，她会用智能手机频繁地发短信。如果无聊到了极点，她就翻翻长长的联系名单，将自己的朋友约出来，毫不犹豫地出门。

在聚会上，母亲会以特有的笑声压倒众人。她每次都是说得最多、笑得最多的那个人。好像如果没有母亲，那里会变得非常安静似的。几年前母亲就开始减肥，但是由于过多的聚会，一点都没能减下来。但是她比谁都幸福，所以也坚信自己比谁都健康。

相反，我有一个性格内向的朋友——“海带”小姐。她总是全身无力，所以才有了“海带”这个昵称。她从早上起来到晚上睡觉，一直待在家里也不感到无聊。在家里看看书、做做简单的运动就能让海带小姐度过满意的一天。如果需要出门的时候，她会经常说“真麻烦”。

当然，这些是片面的例子，不能一般化，但是这些例子能很好地表现出不断需要刺激的外向的人和相对内敛的内向的人的性格差异。现在，请想一想你周边的人是内向的还是外向的。

Talk 使用喷雾剂能成为外向的人吗？

后叶催产素（Oxytocin）是与信赖、爱情等社会性的情感交流相关的激素。最近有些人试图把激素的效果夸大，使其商品化。代表性的例子就是有一些产品广告称喷洒后叶催产素喷雾剂能将内向的人变成外向的人。

但是没有证据能够证明喷了后叶催产素喷雾的人的社交能力真的能变好。有些研究称，喷了后叶催产素之后，自己感觉社会性变好了，但那只是主观的感觉，与社会性真的变好有明显的差异。而且喷了水的人自己也可能感觉社会性变好了，所以喷不喷后叶催产素差异不大。

就像前面所说的那样，性格很大程度上取决于遗传；当然，根据环境会有所变化，但是除非经历过非常大的冲击，一个人的性格一般不会发生多大的变化。性格的这种特征会因为喷了几下后叶催产素喷雾而完全改变吗？应该不会。

后叶催产素可能会引起情绪上的短暂改变，但是这对社会活动的影响微乎其微。如果有人跟你说“花一点钱成为外向的人”的话，你就应该认真跟他讲“请不要说谎”。

外向性并不是全能的

与其他所有性格要素一样，外向性也有长处和短处。长处是指前面所说的社会性高，而且容易感到幸福。那么外向性有哪些短处呢？

外向性高的人有时候嗓门高。他们一般都过于自我或者很固执，看上去像是独断独行的人。一些研究表明，如果从事营销工作的话，外向性太强反而会影响业绩。可以想象，这类人只会说自己的，而不听顾客的意见。外向性高有助于一般的社会生活，但是超过一定的限度反而会影响生活。

此外，外向性还携带着一些负面因素。外向的人是极力想寻找快乐的人。所以只要感到快乐，不管多危险，他们都克制不住冒险的念头。所以外向的人更容易卷进事故。他们喜欢为了寻找快乐的事情（比如见其他人）而四处走动，所以传染病流行的时候，这类人的死亡率也会升高。

这些性格要素具有魅力的原因是所有要素都有各自的长处与短处。所以不能说哪种性格更好，哪种性格更差。我们也不需要特别羡慕某一种性格。

小时候我认为我的性格最奇怪，其他人的性格都没有问题，实际上，每个人都有自己的苦衷。

社会性较弱的人可能会想要成为外向性的人。但是做到这一点可能需要很大的决心，就像鱼决心要上陆地生活一样。而且前面也说过，外向性也附带着一些负面因素。

我们能做的就是准确地把握好自己的性格，弄清楚自己的性格在各个性格要素中处于哪个位置（例如，外向性和圆滑性较高，但是诚实性较低，其他性格要素居中），以及每种性格要素都有哪些长处与短处。但是意外的是，很多人都没有很好地做到这一点。

把握好了自己的性格，我们还需要选择能扬长避短的工作和环境。内向的人最好不要选择有很多聚会或者需要很高的社会性的工作或者环境。

但是没有任何变化或者不需要任何努力的环境容易变得无聊，所以最好能进入既能发挥性格特长又要付出一定努力的环境。如果是外向的人，就尽可能发挥自己的外向性特长；如果是内向的人，就选择不需要太高的社会性但是偶尔能让人快乐的环境。

而且对于处理人际关系而言，外向性并不是万能的。为了建立和维护良好的人际关系，内向的人不仅要像外向的人那样努力与别人相处，还要掌握多种与人相处的技术。技术层面的事情是可以通过努力掌握的部分，所以内向的人不要因为自己的性格保守而埋怨社会生活不如意。

所以与其改变自己的生活，不如在自己固有的性格基础上找到与人相处的好方法。

Talk 性格的五要素理论的简单整理

对经验的开放性：

喜欢冒险、旅行、新体验等，而且拥有出色的艺术感。与创新能力强、好奇心强及高智能也有关系。对经验的开放性高的人从不介意尝试新的事物。

诚实性：

细心，仔细，彻头彻尾。在五大性格要素中，这是最容易看出来的特征。从桌面和电脑桌面的整理情况就能看出来。这种特征越高，在学校的成绩也越高。具有这种特征的人意志力强，所以能认真遵守与健康相关的一些令人厌烦的规则，健康长寿的概率也高。但是诚实性过高会导致完美主义倾向或者自我管制力过强。具有这种特征的人可能在周围人当中没有人气，或者自我幸福度有可能偏低。

外向性：

喜欢与人相处，活泼外向。偏向于人际交往，易感到幸福。具有寻找快乐事情的核心特征。但是过于自我，追求刺激，所以容易被称为独断者，容易做出危险的举动。容易坠入情网，成为花花公子的可能性高。

圆滑性：

善良，不喜欢与他人有隔阂，喜欢帮助别人。人际关系很圆滑，被周围人爱戴。但是不太会拒绝别人，所以容易成为保证人，或者有被骗的危险。有研究表明，圆滑性强的人信用等级较低。

神经症：

担心多，对危险的感知快，敏感。容易感受到压力，所以健康变差的可能性高，幸福度低。具有这种特征的人会导致周围人变沮丧，离婚率也高。在危机情况下能最快地躲避，生还到最后的可能性高。

大清扫与聚餐，哪个更累？

外向的人的最大特征之一就是任何时候都充满能量。而社会活动对所有人来说都是需要消耗很多能量的活动。所以有人会认为“能量”本身就是使得人们能进行社会活动的重要因素。也就是说，有了适量的能量，人们才能发挥社会性。我们来看一下与此相关的一项研究。

首先，能量的概念很重要。对于人类，能量意味着能进行所有活动，即能为所想所动提供所需的“燃料（葡萄糖）”。如果进行了激烈的活动使得体内可用的燃料急剧减少，我们就会收到“疲劳”和“劳累”等信号。

重要的是，越是需要更多能量的事情，人们越是会慎重考虑。例如你要去一个地方，是走着去还是跑着去？有充分能量的时候，两种选择都可以。但如果是在能量少的情况下，跑过去的话能量可能不够。所以这时候要选择能量消耗更小的步行。

能量不足，人们就会尽可能避免劳累的活动，选择消耗较少的活动。即疲劳的状态下，“能量消耗多少”是选择哪种运动的重要因素。

在疲劳的情况下让人们选择A或者B活动，我们通过选择结果就能看出哪种活动相对更容易一些。如果某个疲劳的人在A和B中选择了A，则对于他来说，A这件事比B要更容易一点。

鉴于此，“社会生活比什么都难”这句话就得到了验证。如果社会活动确实是非常累的事情的话，在能量少的时候，相比于激烈的身体活动，人们更愿意避开社会活动。

例如，在很疲劳的时候，让你从大清扫和聚会中选择一件事，你会选择哪一件?

如果你选择了大清扫，那就是说聚餐等社会活动对于你来说比大清扫这个体力劳动需要消耗更多的能量。如果社会活动需要相当多的能量，那么这种活动在能量缺乏的情况下就会被抛弃。即能量低的时候，人们相比于其他活动更不想选择社会活动。随着能量降低，人的社会意向，即社会性尤其会降低得很快。

我们来看一项实验。这项实验有能量消耗和控制两个条件。实验是一项项逐一进行的。在消耗能量的条件下，研究人员让实验参与者使用压力器消耗体力。在控制条件下，研究人员让实验参与者只是摸一下压力器。对于参与者们，研究人员只是说明了此实验是评价压力器性能的实验。

然后，他们按照要求完成了简单的问卷调查。研究人员给他们问卷的时候说：“完成问卷之后，将其提交给303室的某个人，或者放进走廊尽头的箱子。”

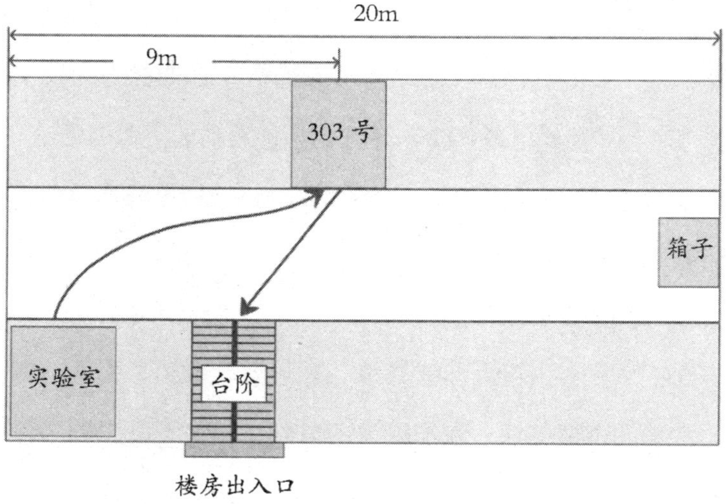

把问卷递给303室某人的情况（社会情景）

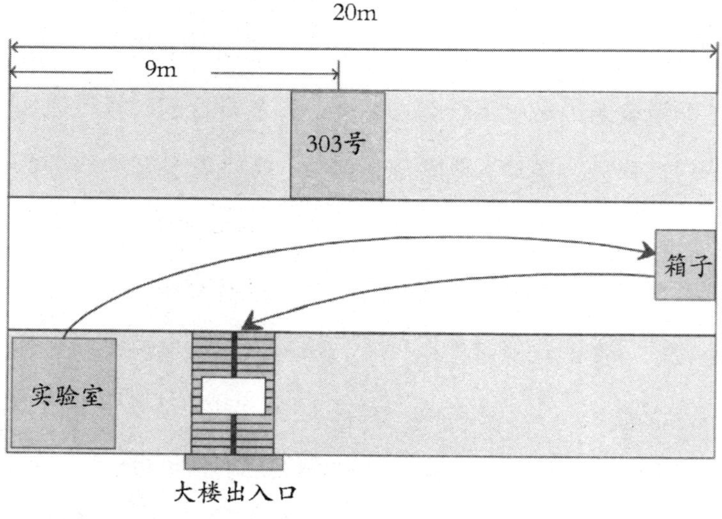

到走廊尽头提交问卷的情况（非社会情景）

我们来看一下上页的图。第一幅图是实验参与者们去找303室的某个人的路线。进行实验的建筑是房间的门隔着走廊相对的结构。303室离实验的房间不到9米，而且出大楼时候必须要经过的台阶就在对面。所以去303室提交问卷的实验参与者们可以移动最少的距离，即去303室提交问卷在体力上不会消耗太多，但是必须要经历短暂面对一个人的社会情景。

相反，在第二幅图中，去走廊尽头提交问卷需要消耗更多的体能，但是不需要去见人，所以这是非社会性情景。实验室与走廊的尽头的距离是20米。考虑到要先提交问卷，然后再出门，实验参与者需要走的路程比去303室多一倍。

如果在去303室向某人提交问卷这一短暂的社交情况下也消耗相当多的能量，也就是说和某人短暂的相见比走20米消耗的能量更多，那么已经消耗了能量的实验参与者会避免去见那个人。

那么现在好好想一想。如果你是这个实验的参与者，你会选择哪一项？你会选择走更多的路，避免见人吗（即向人提交问卷是更消耗能量的事情吗）？现在我们来看看实验结果。

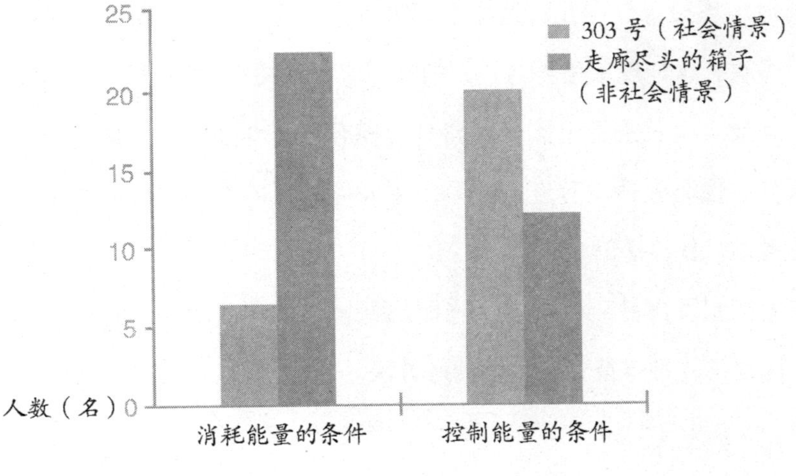

消耗能量的条件VS控制能量条件下的社会性

上页图表的纵坐标是人数，横坐标是消耗能量和控制能量的情景；有色的柱子是去向某人提交问卷的人数，灰色的柱子是去走廊尽头把问卷放进箱子里的人数。

通过结果可以看到，消耗能量的人们（消耗能量条件）相比起没有消耗能量的人（控制条件，没有消耗能量的平常状态）更多地去走廊尽头把问卷放进箱子里了。短暂使用了压力器的人们会非常主动地避开与人见面，即社会性急剧下降。

这是非常令人吃惊的结果。研究人员预想到消耗能量的人们不喜欢与别人见面，但是没想到能有如此巨大的差距。只是消耗了一些体能就表现出社会性急剧降低的状况，是不是也在说明人与人相见的社会性活动需要相当多的能量呢?

结束了忙碌的一天，你在回家的路上看到前面有认识的人，面对这种情况你是否也有过为了避开碰面而特意绕道而走的经历呢？不管外向性多么强的人，也有想一个人独处的时候。一个人尽管与身边人相处得很好，在某个瞬间他也想独自待会儿。这样看起来社会性也会变化，甚至会在一天之中变化好多次。这种现象是否与我们的能量有密切关系呢?

这项实验无法看出能量提高具有提升社会性的效果。但是起码可以看出发挥社会性需要适当程度的能量。平时能量低的人相比起能量较高的人，更不愿意进行社会活动。

考虑到发挥社会性需要适当的能量，与人相处的时候我们有必要提前吃好，这也是一种维持好社会性的好方法。

塑造熟练的社会人的自我控制力

前面也说过了，人不能百分百由着性格行动。我们需要偶尔做一些与自己本来的性格不符的事情。

为了能成长为像样的社会人，我们不能把所想的直接用语言或者行为不假思索地表现出来。有时候我们需要隐藏心底的声音，做出对社会和他人有益的行为。自我控制力对此就能起到帮助作用。自我控制力包含着以下几个层面的内容：第一，达到某种目的；第二，抑制不必要的欲望；第三，为了既定的目的控制行为和感情的能力。简单地说，自我控制能力就是“通过克制自己的本能活着的能力”。

例如，在公司里，上司因荒唐的事情跟你较真，你因为没做错什么而被气得无法忍受，脑子里萌生出“揍他一顿”的想法，身体也蠢蠢欲动，但你还是会装得像没什么事一样，仍然面带微笑。尽管你很想揍他一顿，但是一双分期付款的漂亮的皮鞋正水汪汪地看着你。一次痛快的发泄可能会造成长期的噩梦，所以你以微笑面对上司的无理取闹。就这样，自我控制力能使你想到“未来的目标”，克制一时的冲动，做出正确的行为。

据说人们如此纠结的心理活动（进行自我控制）是人类区别于其他动物的重要特征。没有其他动物像人类这样需要克制自己的本能。其他动物都是想吃的时候吃，想拉的时候拉，想攻击的时候攻击，但是人类想吃的时候还要想着减肥，不管多着急也不能在室外排尿，想揍上司或者讨厌的朋友时则会克制愤怒。

每个人的自我控制力都有所不同。在这方面，有些人相对较差，有些人则比较好。对于成为所谓的“好的社会人”，好的自我控制力能起到重要作用。

即便是四岁多的孩子，他们的自我控制力也不一样。比如，有人给孩子们分巧克力，然后跟他们说巧克力可以立即吃掉，但是忍住不吃，再等一会儿就能再得到一块。如果遇到这种情况，你会怎样做？性格很急或者不能忍住食欲的人可能会立即吃掉眼前的巧克力。他们可能会想，为了更大的利益忍住现在的欲望到底有什么意义？如果你也这样想的话，那么你的自我控制力就偏低。

心理学家翔田佑一（Yuichi Shoda）和同事们的研究表明，战胜想要立即吃掉的冲动，为了更多的利益而等待，能控制自己行为的孩子，在成长为青少年后更有可能成为在学习上更有能力的学生。

在社会生活的过程中，在与他人建立人际关系的时候，我们总会为了达到自己的目标而抑制某些时刻的欲望，并且按照一些规定和要求调整自己的感情和行为。例如，在面试的时候，面试官们以严苛的表情望着你。在那一刻，即使你感到害怕或者生气，也不能把那种情绪表现出来。为了达到合格的要求，你需要隐藏自己的感情，尽可能表现得从容得体，把自己“有能力又庄重”的一面展现出来。

像这种为了得到对方的认可，不管自己愿不愿意都要在社会生活中展现出特定人格的行为，就叫作“自我展示（self-presentation）”。自我展示在社会和生活的每个角落都不可或缺。而且它需要自我控制力，需要抑制住本来的欲望和性格，调整自己的言语、表情、行为，以迎合外部要求。实际上，自我控制力高的人相比较低的人对此拥有更熟练的能力，能在各种困难的社会情景下恰当地包装自己，成为“人们眼里的好人”。

一个有意思的事情是，自我控制能力是高级的认知能力，要在大脑里消耗相当多的能量。我们的大脑单位面积消耗的能量比任何其他器官消耗的都要多。在大脑的这种活动当中，脱离已有的逻辑思维习惯或者框架，想出新办法或者自我控制的过程相比背诵、单纯计算所消耗的能量多很多。

像自我控制力一样，如果消耗更多能量的高级认知能力在社会生活中频繁使用，意味着社会生活并不是轻松的事情。这与能量消耗过多能导致社会性低下的事实是同样的道理。因为频繁使用消耗更多能量的高级认知能力，所以社会生活会很难。也就是说，我们要有充分的“燃料”才能发挥出社会性。

Talk 关于意志力和自我控制力的趣事

自我控制力通常被称作“意志力”。前面也说过这种意志力需要消耗相当多的能量，现在我们来具体解释一下。

我们身体里的能量是有限的。而意志力或者自我控制力需要消耗很多的能量，这意味着我们不能随心所欲地发挥出这些能力。即我们的意志力是有限的。假设我们在玩电脑游戏的时候使用了某一特技，那么下一次使用时，我们就要等到能量充满。自我控制力也与此相似。一直进行自我控制，能量总有耗尽的时候，想重新发挥这种能力，我们就需要能量的重新积累。

罗伊·鲍迈斯特和他的同事们认为，人们在做好需要自我控制力的第一轮课题之后，就很难再做好需要自我控制力的第二轮课题了。重要的是，第二轮课题如果不需要自我控制力的话，执行能力不会降低；但是如果是需要自我控制力的课题的话，执行能力就会下降。

自我控制力课题包括不允许吃喜欢的食物（只让人盯着眼前刚做好的饼干），让人们抑制住遵守熟悉的规则的倾向（在游戏中突然改变规则），让人发挥持久力（握住压力器），等等。例如，第一轮课题选择抑制想吃的食物，第二轮课题选择做持久力测验或者突然改变游戏规则。在第一轮使用了自我控制力的人相比没有使用自我控制力的人，在第二轮的执行力显著降低。随机改变自我控制课题的组合和顺序，结果也是相同的。但是第二轮如果进行了解数学题等较为困难但是不需要自我控制力的课题，人们即便在上一轮使用了自我控制力，执行力也会很好。

学者们看到这些研究结果，想到了是否有与自我控制力相关的特别的资源。最近他们发现这个资源就是葡萄糖。学者们确认了人们在进行第一轮自我控制课题后，喝糖水就能很好地完成第二轮课题。当然，把糖水换成有甜味的水的时候，自我控制力就没有得到恢复。

通过这些多样的研究得出的结论是：自我控制力是人类的多样技术当中能瞬间消耗很多能量的高级技术。大脑是人体中单位表面积消耗糖分最多的器官，在大脑活动的过程中，尤其消耗能量的活动就是自我控制能力。所以一旦使用自我控制能力，能量会急剧降低，人们就要等到能量恢复之后才能进行自我控制。

由于自我控制能力具有这样的特点，所以我们会发现很多有趣的现象。首先看一下减肥。减肥需要非常强大的意志力。但是如前面所说，发挥意志力需要消耗很多能量。而单纯地节食会使意志力枯竭，所以这样减肥很容易失败。为了做到成功减肥，我们不能盲目节食，还要适当地补充葡萄糖。戒烟也是非常具有代表性的需要发挥自我控制力的例子。在戒烟的时候，我们最好也适当地补充一些葡萄糖。

在社会生活中，我们也可以使用葡萄糖。例如，要想在讨厌但是不能攻击的人面前控制好表情，我们最好提前吃点糖或者巧克力。

做完一天的工作，用尽了所有能量之后，到了晚上我们就会像松了绑的野马一样做出一些奇怪的事情。有时候我们会变得多情，会给前女友打电话或者在日记本里写上一些奇怪的话。我们表现出与平时不一样的一面的原因是“绷紧神经、控制行为的能量已经耗尽了”。

有些人还会在没有做完该做的事情的情况下，热衷于其他事情。比如，不想复习的时候莫名其妙地打扫房间。这类行为如果成为习惯的话，我们就很难从拖延症中解脱出来。因为做了其他事情，消耗了能量，我们就更难利用意志力把该做的事情做完了。所以对某件事很烦，不想做的时候，最好的方法就是选择休息，什么都不做。这时候我们需要补充再次鞭策自己的能量。

发挥意志力需要消耗相当多的能量这一事实会形成很多这样的现象，所以这些知识的重要性不容小觑。在需要发挥意志力的重要情况下，我们应提前安排适当的休息或者摄取适量的葡萄糖，因为提前准备才能有备无患。

寻找适合自己的环境

这一章我们讲到了哪些人能更好地进行社会活动。大体上来讲，外向的人相比起内向的人，能量高的人相比起能量低的人，自我控制好的人相比起自我控制差的人，都能更游刃有余地进行社会活动。

拥有外向、能量高、自我控制好这些特性的人相比于没有这些特性的人，看起来能更出色地进行社会活动。但是不外向、能量低或者自我控制力差并不意味着一个人会成为社会活动的不适应者。更多的努力也能弥补这方面的差距。

而且重要的是我们周围的环境需要我们有多高程度的社会性。一个人不管多外向，如果自己所处的环境远远超过了自己的适应能力，那他就很容易受挫。相反，即便一个人有些内向，但是如果去做社会性较低的工作，他仍然可以毫无问题地生活。不管状态如何，你发挥出来的社会性能达到周围环境所要求的程度就已经足够了。

我那个内向的朋友“海带小姐”也很好地发挥着自己的社会性，与其他“海藻类的朋友们”过着幸福的生活。

Talk 过于在乎别人的人能过好社会生活吗?

适当在乎别人是必要的。如果完全不在乎别人的看法，只做自己想做的事情，我们会被人看成目空一切的人。但是如果过于在乎他人，我们有可能会对他人产生恐惧症，而且会感到别人一直在看着自己，从而产生负担，以至于连自己能干好的事情也会出错。也就是说，适当在乎其他人是应该的，但是过于在乎他人对自己在社会中生活会很不利。

过于在乎别人其实就是过于在乎“自己”。你非常关心别人眼中的自己，但是不关注周围的人。

所以过于在意别人的人反而对其他人的思想和想法更迟钝。不管面前的人说什么，如果脑子里都是“我看起来是否漂亮”、“我现在表现得是否自然”等想法，那你根本无法听进对方的话。

“过于在意别人的人反而对其他人的思想和想法更迟钝”这一说法听起来很讽刺——本来是为了表现得更好，结果却事与愿违。

02 我们有多么了解对方?

以宽广的胸怀对待他人

英株认为，朋友之间尽可能不要产生矛盾，即使有不满也不要轻易说出来，而要让它在心里消失。哲株跟其他人说明什么事的时候不会说太多，因为他认为自己不管说得多还是少，对方肯定都会听得懂。英姬的下属迟到了，英姬就想“我还以为那个人很勤快，原来他挺懒啊”。

你有多了解你周围的人？我们在与他人产生矛盾的时候会指责对方是错误的，把埋怨的矛头指向他们。但是真的是他们的错吗？是不是你对他的了解不足，或者你的态度有问题呢？

上面提到的例子是我们在日常生活中经常见到的。对于其他人以及他们的想法，我们不会带着追根究底的态度去了解。接下来，让我们来看看其中会对人际关系产生不良影响的因素吧。

不管我们具有多么适应社会关系的性格，如果对人际关系有很大误解的话，我们就很难维持好的关系。为了建立良好的人际关系，我们需要树立正确的态度。

为了良好的人际关系而需要丢掉的东西

来做一下下面的“OX”题（O表示肯定，X表示否定）。

1. 恋人/朋友之间产生意见差异会不利于维持双方关系。（OX）

2. 假如双方是很好的恋人/朋友关系，不需要表达就能知道对方的想法和感觉。（OX）

3. 为恢复已经出现裂痕的关系而改变自己是不可能的。（OX）

你认为其中有几个答案是肯定的呢？不管对错，上面的文字要说明的是对搭建良好的人际关系有妨碍作用的观念。所以选X越多，表示对人际关系的看法越正确。仔细看看你选了O的条目，并认真想一想，为什么这些想法会妨碍搭建良好的人际关系呢？

不能容纳其他意见

每个人都与其他人不同。不管性格和价值观多么相似，一个人都不可能与另一个人完全相同。从细小的生活习惯，比如袜子反过来脱对不对，好吃的菜应该最先吃还是最后吃等，到沉重的价值观问题，比如如何生活等，不管大事小事，世上的所有人都会有意见上的差异。

如果否定这些自然形成的意见差异，认为关系好的恋人/朋友之间绝对不能有意见差异的话，两人之间的感情会出现矛盾。这些人可能会想“对方与我有不同意见，所以不能成为好的恋人/朋友关系”，而且会很容易放弃关系，忽视细微的矛盾，最终导致问题爆发。所以，如果人际关系中出现了意见差异，我们不能回避矛盾，而要努力做到互相理解，找到好的和解点，这才是建立成熟的人际关系的对策。

在生活中，意见差异有时候会有很大帮助。与他人的关系出了问题的时候，我会一直抱怨对方。但是身边有个朋友经常跟我说：“不对，我不这么认为。”听到这种话的那一刻，我会觉得“这家伙到底是谁的朋友”，而且感到有些寒心。但是这位朋友能客观地看待事情，并且能以局外人的立场表达中肯的意见。所以听完朋友的话，对于之前完全无法理解的人我也渐渐觉得能够理解了。这也使我经常反省自己是不是过于狭隘了。

有些人为了不表现意见差异而无条件地表示赞成某件事，这看起来是很容易而且很平和的人际交往方法。但是不畏惧意见差异，发自肺腑地说出的真实想法，有时候会成为有效解决问题的钥匙。我们都是用自己的视角来看待世界的，如果有人能以不同的视角看世界并将自己的真实想法讲出来，我们就能接触到更广阔的世界。

因为持有不同视角的人的存在，我们的创新能力也会得到提高。有时候面临自己无法解决的问题，我们可以想一想，如果是其他人（自己周围的人或者像乔布斯这样的伟人）面临同样的状况，他们会怎么做。这种方法对于找到问题的全新解法很有帮助。

不说也都知道了吧

与最亲的人说话的时候，你会认为不管你说得多么少，对方都能听懂吗？换句话说，你认为对方能从你的眼神里看出一切吗？但是前面也说了，通过眼神来猜测他人的想法是非常困难的事情。你要高度绷紧神经。如果女朋友说“这钱包好漂亮”，你就要通过自己的大脑将其转换成“立刻给我买”的意思。这是非常困难而且让人觉得疲惫的事情。强求身边的人做这么疲劳的事情是不是不太合理呢？

而且，眼神也不是万能的。通过眼神猜测对方的想法，其实就是运用自己的经验揣摩对方的想法和感受。我们最终也只是能想到“我经历此事的时候是这么做的，所以对方也是想这么做吧”。即除非你经历过世间所有事情，否则眼神只是限定的主观想象。

这些就是眼神的限制。如果我们不把自己的想法和感觉尽可能正确地表达出来，对方就会面临相当大的困难。所以我们不能觉得自己不说对方也明白。你不说，对方就不知道。如果你因为坚信自己不说对方也会知道，而没有正确地表达自己的意思的话，就要好好想想是不是这种想法造成了误解，或者是不是你没有充分表达自己的想法。

恢复关系是不可能的事情

你认为你的能力或者你周围的环境能改变吗？我们对“变化可能性”的认识或者概念包括“个体论（entity theory）”和“增量理论（incremental theory）”。个体论相信我们的能力或者环境不会改变，增量理论认为这些通过努力是可以改变的。持有两种不同理论的人在多数情况下看待事情的方法也不同。

比如，在解数学题的时候，相信智商不会改变的人如果碰到稍微难点的题的话，不管自己的智商高不高，都很容易放弃。

相信变化的可能性和发展的可能性，总会给人们带来希望和尝试的动力。相反，相信某事没有希望的人，会感到没有理由去努力或者去投入，所以更容易放弃。由此可见，不管现实是怎样的，我们都要拥有乐观的心态。

智力和性格很大程度上取决于遗传。但是很多人现在仍然相信这些因素是可以改变的。这是否反映了大自然要让人类继续努力的意志呢？如果人类的眼光非常现实，那么我们可能比现在更不努力。而且那些当时看起来没什么，但是后来改变了世界的事情也会变得更少。如果没有为了飞行的梦想而不断尝试的人们，飞机就不会被发明出来。如果人类非常现实的话，人类文明会比现在落后很多。

对于人际关系，如果相信这样的个体论，也就是说如果认为人际关系不能发展，良好的关系也有限度的话，那么即便面对很小的矛盾，我们也会很容易放弃，选择逃避。还没有认真开始某一段人际关系，我们就有可能已经认为“这段关系不行”了，从而直接选择放弃。

我认为人们对于建立人际关系的动力不会改变，所以会很容易对人失望或者早早放弃。经常会想到“这个人不适合我”、“这个人的特点不会改变，没必要跟他好了”、“适当保持距离吧”等等。

我也曾经差点因为这种原因与恋人分手。我当时这样想过：“我不喜欢这个人的这种特点。而且这个人也不会改变，我也不可能改变。与这个人在一起，那种不舒服的感觉会不会一直延续呢？”我甚至产生了“要分手”的极端想法。我认为想平稳地进入更深层次的关系是很困难的事情。但是就在那时候，我接触到了个体论，终于明白了我本身也有这样的一面。所以我能回顾之前的经历，发现自己对人际关系有速断速决，匆忙下结论的特点。我个人觉得，实体论是心理学的诸多智慧中最有用的一个理论。

我们抱着对人际关系的怀疑态度生活着。我们通常认为人们只是根据外表或者简历来判断一个人，而且完全理解一个人是非常困难的事情。一个具有代表性的例子就是男性和女性对于彼此的角色或者心理持有固定观念。这些怀疑性的态度不管真实与否，都会使人变得消极，妨碍人们建立健康的人际关系。

有关人际关系的这些概念或者固定观念的有害之处是，它会在不知不觉中对你现在的整个人际关系产生很大的影响。由于相信人是不会改变的，一旦人际关系稍有问题，不管对方是朋友、同事还是亲人或者恋人，我们都会想从各种关系中逃脱出来。最恐怖的是，这些想法会在自己的潜意识里一直持续。除非有什么契机使自己醒悟到这一点，否则我们会一直按照这种固定观念行动。

想建立良好的人际关系吗？那么首先回顾一下，你的固定观念是否在你与其他人之间竖起了一堵墙？

为什么做那种行为？

前面提到了英姬看到迟到的下属，认为“那个人很懒”。这种情况在生活中非常普遍，我们时时刻刻注意着人们的行为和话语，判断那个人为什么做出那种行为，那个人有哪些特点等。这种做法被称为是寻找归因，即寻找行为的原因。

A：我与B聊天，用找碴儿的方式与他开玩笑。但是他突然发火了。我看他的性格真是多血质的啊。

我们来看一下这种情况下B的多血质水平。如果满分为10分，他能得多少分呢?

接下来听听发火的当事人B的意见吧。

B：今天早晨开始，我就遇到了很多不顺心的事。早上起床晚了一点，没能赶上公交，迟到了。到了公司后碰洒了咖啡，弄脏了衣服。平复下心情去见朋友A，但是他又找我碴儿，所以我就不自觉地发火了。

现在，重新评定B的多血质分数吧。满分为10分，你能给多少分？你应该会觉得这次的多血质分数比第一次要低吧？产生这种差异的原因是什么呢?

别人发火或者迟到的话，我们一般会评价这些人多血质或者很懒。相反，自己做了相同的事情或犯了相同的错误，我们会想到当时自己的情绪不好或者堵车了等理由。

在包括多血质、懒惰在内的性格特点里寻找某种行为的原因，叫作“内在归因”；在外部因素中寻找某种行为的原因，叫作“外部归因”。在不同情况下，导致某种行为出现的要素也是不一样的，而且有时候内在要素和外在要素会同时成为原因。需要注意的是，我们对于自己犯的错误会主要去找外在要素，而对于别人的错误会主要去找内在要素。

A的情况是典型的内在归因，他将B发火的原因归结为多血质性格。但是实际上B不是多血质，而是那天刚好经历了一些没有预想到的事情，所以处于容易发火的状态。但是我们一般不会想到“他可能有什么原因吧”。对于自己的失误，我们不会想到“因为我没能力”、“因为我懒惰”等理由，更容易想到“当时因为是那种情况”这些理由，而且会觉得“我这样做是浪漫的，别人这样做就是不合伦理”。

所以，给其他人的错误直接贴上“这个人本来就是这样的人”的标签是非常可怕的事情。对于造成贫穷的原因，有些人会贴上“这是因为人们贪婪”的标签，丝毫没有帮助的意向，但是自己受到金钱上的损失的时候，他们会埋怨市场和社会的不合理性。看到工人们示威就认为工人是野蛮的人，但是如果自己被解雇了，就哭着喊着说自己的生活是多么困难。我们不觉得里面有矛盾吗？

我们的生活肯定不会完全按照我们的想法进行。我们所有的行动，我们的生活状态不仅受到自身内在特性的影响，还受到环境每时每刻的影响。有些人非常认真地准备了自己的应聘资料，结果却未被自己向往的公司录取；有些人辛辛苦苦积攒的钱一瞬间全被骗走了；由于一些历史性事件，例如战争，有些人的人生变得支离破碎……这些都很好地说明了我们的人生有时候会被我们能力之外的外界环境要素支配。所以在判断一个人的行为或者某人过着某种人生的原因的时候，如果只考虑内在要素，那就等于我们只是做出了一半的判断。如果某人对你的失误做出的判断是“那全都是因为你懒惰和无所作为才导致的”，你不觉得冤枉吗？

现在，我们讲一个与此相关的著名的事件。美国一位名叫吉诺维斯的女性被人捅了几刀，死亡了。当时这个事件成为社会热议话题的原因是目击者非常多。虽然事情是凌晨发生的，但是事发地点在居住人口较多的地区，而且这女人也喊了“救命”，所以有四十多个住户知道那名女性处于危险中。有些人还对凶手喊“放了那个女人”。但是没有一个人报警，也没有一个人出来帮助她。结果，那位女性在众多目击者的围观下死去了。

当时这个事件被大书特书，舆论把这场惨剧发生的原因归结为现代人的自私和冷漠。但是心理学家们的看法不一样。他们认为原因并不在于现代人的自私心理，即内在特性，而在于当时的状态，即外在因素。

如果一个人在房间里，看见烟从门缝里冒进来，他会认为房子着火了，然后立刻跑出去，或者立刻采取行动。但是这种反应速度会随着房间里人数的不同而有所不同。

实验参与者是一个人或者多人在一个房间。研究者从门缝里把烟吹进实验参与者进入的房间。这时，只有一个人在房间的实验参与者当中，在出现烟的前2分钟内从房间出来的有75%，他们报告说“有点不对劲，感觉在冒烟”。而几个人在同一个房间的实验参与者们都在看其他人，从房间里出来的只有13%，“说感觉有点不对劲”。研究人员询问了看到烟而没有做出反应的人们为何没有行动，他们回答说尽管感到不安，但是大家都待着没动，所以就认为没什么事情。

之所以出现这种人越多问题越难以解决的情况，是因为责任被分散了。在出现问题的情况下，聚集的人越多，人们越是会产生“除了我，应该还有人会出来应对”和“如果没什么大事的话，这样贸然站出来反而会很丢脸”等想法，而且这样的想法会支配我们的行为。如果是N个人在一起的话，个人感觉到的责任感就是N分之一。所以一个人不管平时多么乐于助人，在出现这种问题的情况下都会保持沉默。

实际上，面对处于危急状况中的人，周围的人越多，我们亲自去帮助那个人的概率就会越小。实验表明，在看到需要帮助的人时，如果是在一对一的情况下，85%的人都会给予帮助。在目击者是4个人的情况下，有62%的人会给予帮助。在目击者是7个人的情况下，只有31%的人会给予帮助。没有提供帮助的人的理由是其他人会提供帮助。

所以学者们建议，在需要帮助的时候不要跟所有人说“请帮助我！”要针对一个人说“那边穿黄色衣服的人，请帮帮我吧”，这样能形成一对一的求救情景。

通过这些例子可以看出，我们的行为受周围环境的影响很大。可能每个人都有助人的心理，但是根据情景不同，我们的行为会有很大区别。所以社会心理学和性格心理学一直是以“社会及性格心理学”这一名称联系在一起的。行为的原因总是内在要素和外在要素相互作用而产生的。

所以我们要尽量避免只是看到了一个人的一种或者几种行为就妄下判断的做法。如果想一想“对方可能有那么做的原因”的话，我们就能尽量减少关于对方的不必要的失望感或者错误判断。

最近网上经常会上传“某某女”或“某某男”等没有前后情景的照片或者短视频。看到这些照片和视频的人们会轻易去批判他们，结果这些“某某女”或“某某男”就被称为万恶的人了。事实上，网上的图片和视频并不能很好地展现出完整的情景，人们看到的只是当事人当时看起来错误的行为。所以人们会更容易批判他们。

但是随着事情真相的披露（有些事情是在不得已的情景下发生的，有些事情的发生是有前因后果的），人们发现网上的舆论是错误的。这样的事情会给当事者造成非常大的伤害，而且成为了一个社会问题。为了避免出现“魔女打猎”之类的事情，在听到“看看那个人，他真的是很坏的人啊”这种说法时，我们不要草率地做出判断，而是要用警惕的态度进行判断。

想读懂对方的心思，先摆脱自我中心主义

正如“人心难测，海水难量”和“你真的不知道我为什么发火吗”等这些话成为十大未解之谜一样，读懂他人的想法和感受其实是很困难的事情。不过话又说回来，要在社会中生活，读懂人心是不可或缺的一门技术。那么，我们是否真的能读懂他人的心思呢？

观察一下右面的图。瑟莉正把球放到篮子里。瑟莉离开之后，安迪把篮子里的球放进了箱子里。过了一会儿，瑟莉回来了，开始找球。瑟莉是会在篮子之中找球，还是会在箱子里找球呢？思考一下，然后回答吧。

瑟莉会在哪儿找球

答案是“在篮子里找球”。原因在于瑟莉根本不知道安迪将球放进了箱子里的事实。她最后一次看到球是在篮子里，所以她自然会从篮子里找球。如果你的答案是在箱子里找球的话，那就暂时反省一下吧。

我们将4岁以下的孩子作为实验对象是做不好这种简单的课题的。因为他们

不理解其他人会持有与自己不同的视角、想法和感受的事实。虽然瑟莉没有亲眼看到球被放进箱子里的情形，但是自身（参加实验的孩子）却看到了这一幕，所以自身会认为瑟莉也知道这一事实。孩子们不知道瑟莉的大脑中没有他们掌握的信息，即孩子们不知道她与他们自己持有全然不同的知识和经验。因此，他们也不会知道想要推理瑟莉的想法，就要从她的立场和她所处的状况出发解读她想法的事实。

像这样不知道存在立场差异的事实，认为别人也会跟自己一样思考、行动的现象，即从自身的视角判断别人的心思和社会的现象，叫作“自我中心主义”。从这一点来说，认为宇宙是以自己为中心旋转的并不为过！

下面我来讲一件我小时候的事情。那次恰逢我的好朋友要过生日了，我苦恼了好久，因为我不知道应该送她什么礼物，最后我决定收集我当时喜欢的明星的照片送给她。因为我只要看到那位明星的照片，就会感到无比幸福，所以理所当然地认为朋友在看到这位明星的照片之后也会像我一样开心。她生日那天，我将那些照片送给了她，不料当她收到那份礼物之后满脸惊慌之色。虽然当时她嘴上说了“谢谢”，勉强笑了笑，但是她心里到底是怎么想的我实在是猜不出来。其实，直到现在我才想象得出她当时是一种怎样的心情。

我们都是在经过岁月的洗礼，上了一定的年纪之后才理解这一事实的，那就是别人与自己的立场可能会有所不同。这种理解叫作“心智理论（theory of mind）”。上了年纪之后，通过与别人不同的经验比较，掌握心智理论，才能渐渐摆脱自我中心主义。

这是在解读他人的心思之前，一定要具备的最基本的素养。我们只有对各自的立场有可能不同的事实有了一定的认知之后，才会试图从他人的立场出发思考问题。也就是说，当自己知道别人可能不喜欢自己喜欢的事物之后，才会去思考对方真正喜欢的事物是什么。而自闭症儿童领悟这一事实的能力与正常儿童的能力相差十分悬殊。

如此，摆脱以自己为中心分析他人和社会的自我中心主义，理解每个人所处的立场有可能不同，完全从对方的立场去思考和判断的时候，我们才能够成功地解读人们的心思。然而，以自我为中心的倾向是人们与生俱来的特质，所以摆脱自我中心主义并没有我们所说的那么容易。

指使者和拿物品的人眼中书架的不同样子

下面我们一起来了解一下埃普利和他的同事的最新研究。两个人各自坐在书架的前后一侧，书架上摆放着各种物品。两人当中，一个人扮演指使对方拿各种物品的指使者的角色，另一个人则扮演按照指令拿物品的角色。上图中的书架的白色部分是前后两侧是相通的部分（前后两侧的人都能看到这一部分上面的物品），暗色部分有一面是遮挡着的（只有拿物品的人才能看到这一部分上面的物品）。左侧图片是拿物品的人眼中的书架的样子，而右侧图片则是指使者眼中的书架的样子。

指使者让位于书架另一侧的人拿了各种物品。当指使者说拿“黏合剂（从下往上第二排中间的格子）上面的小车”的时候，拿物品的人会在左侧图片中选择哪个物品呢？如果你是拿物品的人，那么你会在三辆车当中选择哪一辆车呢?

如果你选择的是从下往上第三排，黏合剂上一排最右侧的那辆车的话，那么你的任务就失败了。因为指使者是看不到这辆车的。指使者说的那辆车并不是他看不到的车，而是在视线范围之内他能看到的那辆车，也就是从上往下第二排最左侧的那辆车。

不过，人们一般会将自己的视线最先放在黏合剂上面一排的车子上。一会儿之后，人们才会明白指使者是看不到这辆车的事实，接着才会看向指使者所说的那辆车。无论是在大人身上，还是在小孩身上，这种倾向都有所体现。不同的是，大人能够比小孩更快一些明白指使者是看不到这辆车的事实而已。

这一结果证明，我们都会受到自我中心主义的驱使，并且自我中心主义与年龄大小无关。也就是说，我们在考虑别人的意图的时候，会先考虑自身的立场，然后才会在慌忙中考虑别人的状况。如此，人们在推测别人的想法和意图的时候，会先锚定在自己的经验上，然后再慌里慌张地进行修正。正如前面的内容中所提及的，这种过程称为锚定之后调整。

因此，难以读懂人心的理由，是不管是小孩还是大人，基本上都是从自身的立场来理解问题的。如果想要考虑别人的立场的话，就要为了摆脱以自我为中心的想法而付出许多的努力。在转变想法的同时，还要一次性考虑诸多的信息（比如，那个人的性格等与自己的状况不同，以及关于那个人的各种信息）。

像这样急速摆脱基本的思维框架的事情，以及同时考虑诸多信息的事情，都是存在着很大难度的认知活动，即它们都是对大脑造成巨大负担的事情。所以，读懂人心是非常困难的。

Talk “生课授收招”，这是什么呀？

有一阵子，我家附近的一家店铺的玻璃窗上贴上了“生课授收招”这五个大字。我一直都很好奇这几个字是什么意思，所以每当我经过那家店铺的时候都会问一问自己：你有没有看明白这几个字是什么意思呢？

如果将这几个字从右往左读的话就是“招收授课生”。由于将这几个字粘在玻璃窗上的人是按自己读的方向把字逐一粘在了玻璃窗的内侧，根本没有考虑到在店铺外面看到这些字的人的视角，所以才有了很多像我一样对这几个字心存狐疑的人。

这是能够证明我们的自我中心主义倾向的一个典型的例子。你有没有犯过与此类似的失误呢？摆脱自己的世界，从别人的角度思考问题是一件十分困难的事情。

读懂人心也需要调整

在判断某一状况的时候，我们会无意间从自身的经验出发去看待那一问题。因此，摆脱这种观念，客观地去考虑别人的状况是需要付出很多的努力和技巧的。不过，这一点我们真的能够做到吗？

况且，解读人心只不过是借鉴自身的经验，然后去推测别人的状况和想法而已，所以即使把这种调整过程做好了，推测结果的准确度又能有多高呢？我们心里难免会产生这种疑问。但是，研究结果表明，只要我们将这种调整过程做好，即使不完全正确，我们也能够或多或少地解读人心。也就是说，调整过程能够成为一把解读人心的钥匙。

回答一下下面的问题：

> 你去相亲了，但是你没有看上对方。恰巧，这时你的朋友发来短信：“相亲怎么样了？”你冷嘲热讽地回答朋友：“别提了，简直太完美了。”那么这个时候朋友是否能读懂你的真实意思呢？

你的答案是什么？短信是缺乏语气和表情等能够直接传递情感重要因素的沟通方法，所以短信无法准确地传递自己的本意，常常会造成误会。你有没有过因为短信造成误会，或者是没能准确地理解对方意图的经历呢？

像这样用缺乏与情感有关的信息的媒介（短信）的话，特别是带有冷嘲热讽的意味时，大多数情况下人们是无法掌握准确的信息的。实践调查显示，收到这种短信的人几乎分辨不出发短信的人的情感是积极的还是消极的。

虽然事实是这样，但是发短信的人却认为自己发送的是带有冷嘲热讽意味的短信，对方都能够明白的概率至少有70%。很多人在回答上面的问题时回答为对方“能看懂”。也就是说，他们没有考虑到对方是在没有收到其他信息的情况下，收到短信的事实。这也很好地体现了在前面的内容中提及的自我中心主义的倾向。

然而，如果在给人们充足思考的时间之后，再让他们回答上面的问题的话，回答的准确度会比没有给他们充分思考时间情况下稍微高一些。也就是说，提供充足的时间，经历调整过程的话，能够更加准确地了解人们的心态。

在提出如果能准确地读懂人心的话会提供奖励的时候，人们回答的准确度也会上升一些。即经历充分、认真的调整过程之后，可以更加准确地读懂人心。

现在看到希望了吗？如果你还认为解读人心是一件很困难的事情的话，那么你就有必要想一想这两个问题：在与人们沟通的时候，你是不是仅从自己的视角去看待问题？你有没有摆脱自己的立场，试图从对方的立场去考虑问题？

Talk 与“你们知道我的心吧”有关的错觉

如果你边在心里唱童谣，边用手指拍节奏，人们能知道你唱的是哪一首吗？100个人当中能有多少人猜得到呢？

自我中心主义的另一种倾向是认为其他人会很清楚地知道自己脑子里的东西。人们基本上会认为其他人会一定程度地了解自己的感情、想法、经验等。这被称为“透明性错觉”或“被看透错觉”。

因为人们都比较熟悉童谣，我们边在心里唱童谣，边用手指拍节奏时，会认为100个人当中有30个人能知道自己唱的是什么歌曲。

但是结果并非如此。事实上，100个人当中只有3个人能猜到你唱的是什么歌。

我们只想到了唱童谣这个过程，没有考虑到只有自己正处于这种状态中，其他人根本不在与这个童谣相关的过程当中。

我们犯了错误或者做了害羞的事情时，会错误地认为别人可以从自己的脸上看出来。当然，确实有一些人能看出微妙的表情变化，但是大部分人是无法轻易看出来的。但是我们还是会有错觉，认为其他人能看透我们的心。这也是透明性错觉的一个例子。

而且也有人认为，即便自己解释得很烂，其他人也能听懂。与这些人说话的时候，我们要经常让他们再详细地说明事件的前因后果，或者重新讲一遍。这也可能是因为他们有错觉，认为别人能看透自己脑子里的东西。

丢掉对别人的草率的判断

我们总以为自己很了解身边的人。更准确地说，就是我们觉得其他人并不了解自己，但是自己很懂其他人。事实上，这很有可能是没根据的自信心。

我们对其他人的判断总是带着固定观念。只看到其他人的一些行为，我们就草率地下结论，认为他是那样的人。我们对于他人的理解其实是根据自己的经验想象出来的，甚至会在这过程中以自我为中心对他人进行想象。结果就是我们不能很好地理解他人。

我们还有很多不足，很难完整地理解其他人。我们要明白对其他人过早地下结论是不可取的，而且要不断回顾自己是否对其他人有误解。为更好地了解其他人，我们需要做更多努力。

我也曾经很自信地认为我能很好地理解其他人，但是现在我能正视现实，不会过于自信。我的判断力有时会说“看看那种行为，那个人是坏人”，但是我会提醒自己“不要妄下判断”。

这些日积月累的努力能使我们成为更加宽容的人，帮助我们建立更加成熟的人际关系。

03 在热带雨林一般的世界中快乐地生存下去

打造良好人际关系的技巧

我们在前面已经对建立良好人际关系做好准备工作了，接下来我们要步入正题，探讨一下打造良好的人际关系所需的技巧和技能都有哪些。大部分人都对如何才能取得他人的好感苦思无解，而从科学的角度来说，已经被鉴定过的有效的获得人心的方法都有哪些呢？在这里我们分享几个大家不常接触的方法，并对其逐一剖解。

想获得好印象

我们经常会说“那人面相很善”或“那人面相很凶”，每个人都愿意跟面相和蔼的人亲近。如果一个人面相凶恶，给人的第一印象不好，我们会连个招呼都不想打。

印象是一种对人的评价和认知，意味着“这人会是什么样的人”。给人留下好印象意味着一个人被评价为好人，相反则意味着被评价为坏人。

在面对完全陌生的人，对对方一无所知的情况下，人们的第一印象通常取决于对方的面相，所以外表对于建立第一印象起着非常重要的作用。

但是我们往往会夸大外表对第一印象产生的影响，大部分人都觉得只要在长相上稍做改变，第一印象就会好很多。这种判断来源于面相学中提及的只要看人的面相就能知道人的性格。那么外表和性格真的有关联吗？在形成第一印象的过程中，最重要的真的是外表吗？

如果先从结论说起，那就是外表背后隐藏着与性格相关的信息。但是外表所表达的信息特别有限。例如脸型偏宽的人，会更容易被人说成是面相凶恶或者让人缺乏信任感的人。

事实上，如果脸宽的人是男性，那么他的荷尔蒙（睾丸素）数值就会较高。因为男性荷尔蒙数值与攻击性、好战性相关，所以脸宽的人有点可怕。这并非是一种错误的观念。

但更重要的是，虽然荷尔蒙影响着我们的各种行为，但是我们心里有着像唠叨不停的妈妈一样的事物存在，即自制力。我们有着忍气吞声的能力。

也就是说，男性荷尔蒙高的人不一定是好战性高、随意攻击别人的人。人们害怕脸宽的人可以说是对这类人的好战性的反应，也是一种比较过度的反应。

但是，外表仍然会传递出关于那个人的信息。因为我们会随着自己的想法和状态表现出相应的表情与动作。

表情和动作时时刻刻都会传递出我们的感情状态中的种种信息。有点拧巴的表情、高兴的表情、挺起胸膛的动作等，都能把我们的心理状态传递出来。然后，对方也会通过这些很快地收集到我们处于什么状态、我们是哪种人等信息。某些人虽然长得很漂亮，但是一直皱着眉头，也会让我们感到“这人性格不太好”。即比起额头的宽度、人中的长度等“物理性外表”，表情和动作包含着更多的信息，也会更多地影响到别人的印象。

比如，表情或者动作不同的时候，同样的明星给人的印象也是不同的。像最近比较火的金秀贤，深情地看着你的金秀贤和猥猥琐琐、头都不敢抬的金秀贤给人的感觉是不是会大不一样？人们会这样评价，前者是充满自信的金秀贤，后者是犯了错或者缺乏自信心的金秀贤。

劳拉·诺曼（Laura Naumann）和她的同事们曾做过这样的实验：给人们看很多张照片，让他们去猜照片里的人会是什么样的人。

其中一组人只能看到静态的没有任何表情的照片，另一组人看到的则是有各种表情和动作的照片。

第一组人只根据外表评价照片中的人，大概能猜对这些人的各种特性中的一些外露的特性；而第二组人根据表情和动作特点去评价，结果猜出了照片中的人的更多特性，而且准确率也大大提高。也就是说，表情和动作比起外表蕴含着更多的信息，而且这些信息更为准确。

这项实验也证实了外表决定印象这一事实。但是不看表情和动作，只靠面相去判断和推测一个人的特性也存在着很大的风险。

回想一下自己比较欣赏的周围人的面相和表情。你只是因为面相而喜欢他吗？还是因为那人特有的表情、动作、语气而喜欢他？这将再一次证明，表情和动作是多么重要。

所以，为了建立良好的第一印象，我们必须要修炼自己的表情和动作，以此传递友好的信息。做到这一点，效果会事半功倍。这比为了改变面相而去整容要更容易，也更有胜算，而且有益于建立富有信任感的第一印象。

你是值得信赖的人吗？

“我那么相信你，因为信任你，我才会把一切都给你，你怎么能对我这样？”

背叛是人际关系中经常出现的现象。不管是在恋人之间，还是在事业伙伴或者朋友之间，我们都能听到这样的话。

“这人值得信赖吗？”像这种对人际信任（interpersonal trust）的判断尤为重要。

只有对方是值得信赖的人，我们才能与之谈心，进行经济往来，向其托付重要业务。

如果对方看起来信任度较低，我们就会时刻提防对方，生怕对方心存恶意，而且会小心翼翼地隐藏自己的内心想法。

所以我们对于人际信任的判断与基本的安全保障有着不可分割的联系。

对方是否是值得信任的人？这一问题终究还是要归结到“和他在一起安不安全”这类问题上。有些人尽管外貌出众，能力超群，但只要他们身上存在某些威胁的因素，我们就会把他们归为不能信赖、不能交往的人。

在对于人际关系的各种判断中，能否信任对方的判断是与生存联系最紧密的判断。因为如果将对自己不利的人当成可信的人，最终不仅仅是自己，周边的人也会受到伤害。就像与“布鲁特斯，连你都……”这句话有关的故事一样，在历史长河中有很多因为错误地信任别人而使自己遭受屈辱或丢掉性命的事件。

再强调一遍，准确判断什么样的人应该信任、什么样的人不应该信任是非常重要的。但是我们要根据人的哪种特性来判断可信赖度呢？即什么样的特性会让人得到信赖呢？

印有“我是值得信任的人”的T恤

如果每个人脸上都写着“我是可信赖的人”或者“不能相信我”之类的话，那该多好！但是这种事情是不可能存在的。所以我们要通过多种多样的信息来判断他人的可信赖度。前面也讲过，这是与生存紧密相连的非常重要的判断。我们是不是能够做好这种判断呢？像闻到美食的味道，我们的本能会指引我们奔向那里一样，判断什么样的人可以信赖的能力是否也潜藏于我们体内呢？

我们来看一下亚历山大·柯嘉娜（Aleksandr Kogana）和同事们进行的一项实验。他们先给实验参与者看一个20秒的视频。在这个视频中，一个人在听另一个人讲话，但摄像机只拍听的人（收听者）。收听到的内容大概是“在人生的这个阶段，因为种种原因我感到很累”之类的。给实验参与者看过许多收听者的影像后，让他们来评价影像中的人是否值得信任。

如果我们具备与信任相关的本能的话，我们会在短短20秒的时间里很轻易地分辨出可信赖的人和不可信赖的人。

研究表明，人们很快就将值得信赖的人区分出来了。在实验参与者中，得到“这个人值得信赖”这种评价的人，大部分是在催产素AA、AG、GG型中持有GG型的人。催产素是与爱、社会纽带等有所关联的激素，而带有GG型激素的人，比起其他人更加和蔼可亲。

也就是说，我们能在短短的20秒内找出哪些人能够成为值得信赖的人。这也意味着我们判断一个人是否值得信赖仅仅只需要20秒。所以要留下值得信赖的印象，我们就要在20秒内一锤定音。

但是人们怎样才能分辨出持有GG型催产素的人呢？是他们的哪些特征让人们觉得他们是友善并且值得信赖的呢？

研究者发现，持有GG型催产素的人们在倾听时会时常点头，面带微笑，能够表现出同理心。也就是说，研究者们非常快地捕捉到了在20秒内人们作为听众表现出的友善以及真实的态度、表情和动作。这也说明我们异常地敏感于人们反馈给自己的好意、亲切的态度等信息。

可见，人们能迅速判断相互间所流露的表情和动作是否友善，是否具有好意。所以，为了给对方留下自己值得信任的第一印象，我们要养成用心倾听对方每一句话的习惯。比起自己说“我是值得信赖的人”，从细微的表情和动作中流露出的“我在认真听你说的每一句话”的信号，在获得对方的信赖方面会起到更大的作用。

说到底，给对方留下具有信任感的第一印象的最好的办法其实就是“从第一次见面起就用真诚的态度对待对方”。持有这样的心态，我们怎愁留不住更多信任你、支持你的人呢?

炽热的太阳能让你脱下外套

在判断一个人是否值得信赖的同时，我们还会评价这个人是热心的人还是冷漠的人。其实对于一个人信任度的评价，广义上包括热心、友善、亲和、有同情心、值得信赖等一些代表人情世故的特性。

张三：外表俊秀，聪明能干，为人诚实，有幽默感，热心的人。

李四：外表俊秀，聪明能干，为人诚实，有幽默感，孤傲的人。

张三和李四在五个特性中有四个特性是一样的。但是张三是热心的人，李四是孤傲的人。你觉得这两个人很像吗?你会选择哪一个人进一步交往?

聪明能干还很热心的张三是不是让人觉得很完美?感觉跟他在一起你会

很开心，在你需要他的时候他会不遗余力地帮助你。李四的条件也不比张三的差，但你会觉得他很冷淡，孤僻，跟他在一起心情也好不起来，会感觉很难和他成为关系很好的朋友。

事实上，一个人是否热心会决定那个人给他人留下的整体印象，而且在印象形成过程中起到决定性作用，如此一来其余的信息作用就显得微乎其微。就像张三和李四的例子一样，对于人们的评价而言，除了热心和冷漠，其余的信息几乎都被其掩盖了。即，一个人不管持有多么好的特性，如果是个冷漠的人，剩下的特性也不会显得那么好。可见“热心”是对人的印象形成过程中最重要的评价标准。

如果在热心、和蔼可亲、可靠、温柔、聪明、诚实、活泼等能够表现出人的各种特性的形容词中选出最能评价一个人的基准的话，和蔼可亲、可靠、温柔等与“热心”关联的单词会占据压倒性的优势，之后才是与“能力”相关的单词。

对于某个人的多种特性进行评价之后，再全方位地评价这个人到底有多好的话，与“热心”相关联的特性会起到至关重要的作用。相比起与“能力”相关的信息，与“热心”有关的信息会起到较大的影响。也就是说，与聪明、漂亮、诚实、有钱却冷漠的人相比，能力、外表或者财产等方面很普通却比较热心的人，会带给人们更好的印象。让我们想象一下我们所喜欢的人，即使他们持有再多好的特性，如果非常冷漠的话，我们还会那么喜欢他们吗?

与“热心”相关联的信息会比与“能力”相关联的信息更能让人记得深刻，而且会对人的印象形成起到更长久的影响。某些人的一些非常聪明或者愚笨的举动在我们对于他的印象中不会保留太久，但是那些给予我们温暖的话语和手势，或者让我们觉得冷漠的举动，会长久地留在我们的记忆中。

现在让我们来回想一下过去。美好的回忆通常是与朋友们一起经历的开心的事情，比如从朋友那里得到安慰和鼓励的话等与温暖相关联的事情。接下来，我们再回想一下不好的回忆。与因为自己能力而发生的问题相比，我想受到周边人们的冷漠对待更容易给大多数人留下深刻的记忆。自身的愚笨或者聪明会很快被朋友或者周边的人忘却，但是我们无意中说出的“热心”或者“冷漠”的话会长久地留在他们的记忆中。

判断一个人是否热心比判断一个人是否有能力简捷得多。研究表明，初次见面，哪怕只有0.1秒的时间，我们都会不由自主地判断出一个人是否是一个热心的人。而且有关热心或者冷漠的印象会很快形成，可想而知，初次见面时“热情的问候”有多重要！

在印象形成过程中，除了“热心”，另一个应当考虑到的要素是“能力”。对于大部分人，我们都会从“热心”和“能力”两方面来观察。

下页的图表显示的是在美国特定的职场中的人或者不同肤色的人在美国人心中形成的印象或者固有观念。如果把美国人对各种各样人的固定观念按照是否热心或是否有能力来区分的话，我们会看到如下形态。仔细看图表可以发现，美国人自认为既热心又能力出众。而在美国人眼里的亚洲人虽然又有钱又有能力，但是很冷漠。老人虽然没什么能力，但他们觉得老人很热心。

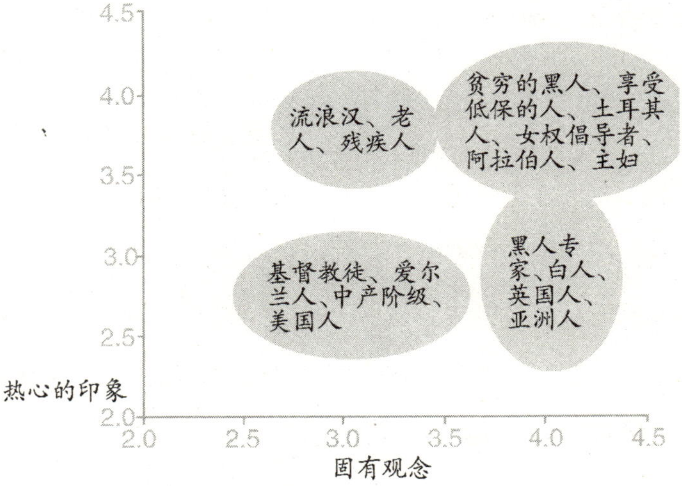

对各个集体的固有观念（美国的情况）

热心的印象：流浪汉、老人、残疾人、贫穷的黑人、享受低保的人、土耳其人、女权倡导者、阿拉伯人、主妇、基督教徒、爱尔兰人、中产阶级、美国人、黑人专家、白人、英国人、亚洲人（从左到右，从上到下）

这样的区分适用于每一个人。例如，大家对朋友也可以用上面的两个轴来分类。跟朋友问一下自己属于哪一类，也会很有意思。

根据一个人在“热心”和“能力”两个方面偏向于哪一边，人们所做出的反应也会有所不同。对于既热心又很有能力的人，人们会羡慕；既不热心又没什么能力的人，人们会蔑视；虽然没有能力但很热心的人，人们会同情；能力出众但很冷漠的人，人们会嫉妒。

对于一个特别热心的人，大家会很亲切，会打心眼里想帮助他。反之，对于一个很冷漠的人，大家会持有反驳或攻击的心态。对于能力出众的人，人们会热情地与他交往，根据需要建立利益关系；对于没有什么能力的人，人们会持有基本无视的态度。

在这里，我们也可以看出“热心”有多么重要。能力的高低只会影响到利益关系或者被人无视。但是热心与否会带来亲密交往的关系或者建立敌对关系等强烈的反应。

在各类特性中，我们为什么说最重要的是与“热心”有关的特性呢？因为对于“热心”与否的评价，是一种对人性的评价。对于“热心”与否的评价是对某个人是否存有“善意”的判断。带有恶意的人绝不能相交，但是带有善意的人大可放心交往。像这种对于“热心”的判断关乎我们的“安全”与“生存”。

判断一个人是否“热心”，或者分辨善与恶，要比判断他“是否有能力实行自己的意图”更要紧。如果一个人带有对我们不利的恶意的话，那么此人拥有出众的能力并不是件好事。我们可以将其比作带毒的苹果，外表看起来很鲜丽，但终究会毒害他人。确认一个人带有善意之后，我们才需要考虑这个人的能力是否对自己有利。

事实上，人们会通过一个人是否“热心”来判断这个人的好坏。然后，才会通过对能力的评估来判断这个人有“多么”好（或坏）。如果一个人热心又能力出众的话，那此人会是一个很不错的人；反之，一个冷漠但能力出众的人会是一个危险的存在。

这种对于“热心”与否的判断相比于对于能力的判断，会对印象的形成产生更大的影响，并且能促进印象更快形成。所以，与人初次见面时，在展现自己的能力之前，我们要把自己热心的一面展现给对方，要把“我不会伤害你”的信息传达给对方。这样对方才会敞开心扉，以诚相待。

而且，我们要把热心的一面持续地展现给大家，因为对于“热心”的评价很可能会转瞬即逝。例如，昨天才被大家评价为热心的人，但到了今天就可能会被评价为“没想到啊，真是看走眼了，原来他是这种人”。

在人性方面，人们往往会觉得“坏人可能偶尔会做善事，但是好人绝不会做坏事（因为经常做好事的人不一定是好人，但凡是做过坏事的人一定是坏人）”。对于能力，人们会认为“聪明的人难免会做糊涂的事，但是愚笨的人永远不会做聪明的事（经常做出糊涂事的人不一定不聪明，能做出聪明举动的人一定是聪明的人）”。

由此可见，变成善良的人要比变成有能力的人难得多。要想变成有能力的人，在必要时展现自己的能力就行，即使偶尔犯错也没关系。但是要想变成善良的人，人们容不得做出半点坏事（小小的失误是可以理解的）。

对于一个人是否热心的判断与我们的安全及生存息息相关，所以我们会非常谨慎。就像食物稍微变质就不能食用一样，一个人即使做了一百件善事，但由于做错了一件事，也会被人当作坏人。我们对此可能会觉得有点无奈，但除了不断努力还能怎么样呢？

在取得他人好感方面，热心比有能力更重要这一倾向，多少会让我们安心一些。如果取得别人的好感仅仅依靠所谓的“有能力”就行了的话，这个社会将会多么冷漠啊！一个人即使有点缺陷，但是对于你，他可能是比任何人都温暖的存在，一句“这是我的好朋友”将会使他的内心充满希望。

将消极之事变为积极之事的方法

生活中，我们会遇到一直将抱怨挂在嘴边、始终皱着眉头的人和积极向上、乐观开朗的人，你会跟哪种人相处呢？

小时候，我有一个很消极的朋友。他是一个只能看见社会和自身的黑暗面，对于未来也不抱有任何希望的小孩。与那个朋友相处了仅仅几个月，我就深受其影响，并不知不觉冒出“这个世界能否让我们存活，人类会变得幸福吗”之类的想法。

这种感情其实是会传染的。我们跟幸福的人在一起会变得幸福，跟消极的人在一起会变得消极。所以我们会更喜欢积极向上、乐观开朗的人。

事实上，幸福的人比不幸的人更受欢迎。可能大家会认为消极的人喜欢跟相同类型的人聚在一起，但是研究表明，悲观消极的人更喜欢与开朗的人交往。

这种现象在SNS（社交网站）上也经常出现。你有没有在“脸书（facebook）”这样的空间中发表过对人生的不满？调查结果表明，人们并不喜欢别人在SNS（社交网站）发表带有悲观情绪的人生感悟。在SNS（社交网站）发表的悲观言论，不仅会给人带来疲惫的感觉，还会让人们觉得发表这些言论的人很不怎么样。

自尊心不强的人相对会抱怨更多。他们会说出没有自信的话语，“像我这样的人能做好吗？别人好像不怎么喜欢我”。我们要知道，不加掩饰地写一些消极的文章，不经意间会给他人带来无形的压力，对于自己的形象也会有影响。

想要得到支持与鼓励，比起“像我这样的人应该不可以吧”之类的话，像“不一定能成功，但请你支持我”这样积极向上的话会更有效。虽然这两种说法带有相近的意图与内容，但是由于表达方式的不同，前者会给人带来消极的感觉，而后者会让人觉得积极。既然如此，为什么不采取第二种说法呢？这样既不会影响别人的心情，又能得到支持。

累的时候与别人一起分担自己的痛苦是非常重要的。但是倾诉自己痛苦的同时也会给对方扔下包袱。聆听我们的“痛苦”的时候，对方也会暂时陷入担心的情绪中。所以，我们在诉苦的时候，别让听的人也变得意志消沉。总之诉苦也要有节制，鸡毛蒜皮的小事也拿来说个不停是不太好的。

若想知人心，跟其做相同的表情

我们一直在讲人们到底喜欢哪种人。接下来我们要讲一下社会生活中重要的技能之一，即怎样分析别人的内心感受。

看到哽咽哭泣的人的照片或视频，我们脑海里会不由自主地浮现出“那个人看起来真的好痛苦啊”之类的想法，偶尔也会眼眶湿润。但是，我们是怎么知道那个人很痛苦的呢？

小说家艾德·阿伦·鲍尔（Edgar Allan Poe）说过，如果对于一个人在想着什么很好奇的话，我们不妨试着做出与他一样的表情。跟着他人做表情，我们的感情也会跟着变化。这个方法是读懂人心的最好的方法，也是我们不知不觉中经常使用的方法之一。

此方法成立的原因是，感情不只是用头脑感觉的。例如，“快乐”的感情与欢笑的表情、夸张的动作等表达方式是有所关联的。感受到快乐，我们会不由自主地露出微笑，声音也会变大。

感情是由多种要素组成的，各个要素像蜘蛛网一样汇聚成了一个紧密相连的网络。如果其中一个要素被搅动的话，别的要素也会跟着晃动。只要触动笑的表情，与快乐相关的要素就会接踵而来。

所以，只是单纯地做出微笑的表情，也会产生快乐的效果。就像查尔斯·达尔文（Charls Darwin）所说的那样，我们的感情会根据我们做出的行为变得更强或更弱。也就是说，笑得越多，我们会越快乐，越是绷着个脸越会觉得郁闷。所以，“不是因为幸福而微笑，而是因为笑了才幸福”这个理论也是成立的。

我们再来看看心理学家弗里茨·斯特拉克（Fritz Strack）和同事们进行的一项实验。实验参与者被分为两组，一组用嘴唇含着笔，另一组用牙齿咬着笔。

下面左图是用嘴唇含着笔的样子，不能说这是笑脸；右图是用牙齿咬着笔的样子，看起来像是笑脸。然后心理学家们分别给两组实验参与者拿了一本漫画，并问他们漫画好不好看。结果，对于同一本漫画，面带微笑的一组实验参与者表示更好看。

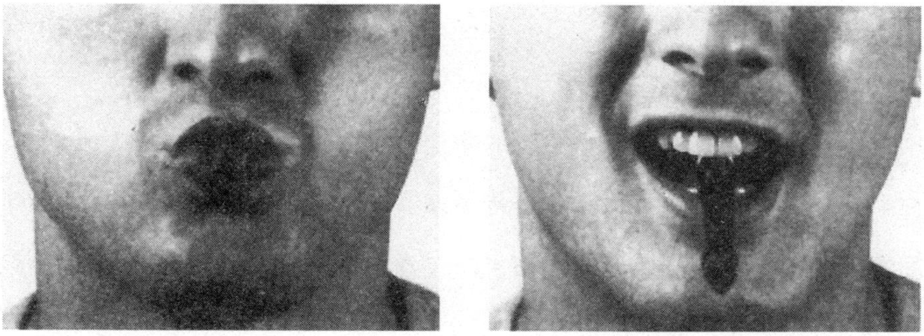

用嘴含着笔VS用牙齿咬着笔

这就说明，外露的表情会引起内在感情的改变，人们表情的变化在一定程度上影响人们的感情状态也不是不可能的。而且在这种效果的作用下，我们经常会习惯性地学习和模仿别人的表情和动作。

人们会在不经意间模仿他人细微的表情和动作。比如，不经意地模仿朋友和恋人细微的脸部肌肉变化或者说话时候的习惯性动作，如用手托腮等细小的习惯。这种行为被称为“模仿行为”。

模仿者自己可能不太认同这一说法，但是如果我们让两个陌生人相互交谈5分钟左右，并在这期间录像观察，不难看出两个人会在交谈中模仿对方的表情和动作。当然，交谈者本人不知道自己在模仿对方。

这种模仿行为是在无意识状态下出现的。不管对方是谁，如果我们需要读懂对方的想法，或者特别想了解对方，这种模仿行为便会频繁出现，特别是在某些特定的场景下（例如在上司面前），模仿行为更容易显现。

你有没有在不经意间模仿过平时经常见的人的表情或者动作?

之前我提到了我的母亲，现在再拿这个例子说明一下。我母亲喜欢结交朋友，全国各地都有她的朋友，她总是在不经意间说出自己都不知道是哪儿的方言，这正是很常见的模仿行为的表现。

我们跟对方更亲近时会更容易模仿对方的表情和动作。打哈欠会传染是大家都知道的事实。针对哈欠会传染也有一种说法，即哈欠在更亲近的人之间能更快地互相传染。研究表明，哈欠在家人之间的传染速度最快，然后是朋友、认识的人，最后是陌生人。

恋人和夫妻随着时间的流逝会长得越来越像，这也属于模仿行为的相关现象。这是因为夫妻之间久而久之会拥有更多相近的习惯，相互模仿对方的表情和动作。人们喜欢开朗幸福的人，也是因为跟这样的人在一起自己的表情会变得明朗，心情也会好起来。

就这样，我们会本能地模仿周围的人。所以学者们也称人类是“社会性变色龙”。

像变色龙能够根据周围的环境改变自身的颜色一样，我们也拥有根据社会环境复制周围人的表情和动作的超常能力。这也可以说是人们比较善变。但是对于社会性动物来说，透过自己看待别人是一种非常有用的能力。

Talk 打肉毒素瘦脸针，表达情绪的面部表情会变迟钝？

肉毒素会让脸部肌肉变硬，影响脸部表情的展现，所以打针过度会让表情变得很不自然。大家应该也见过有类似经历的患者。

前文曾提到，我们在模仿对方的表情的同时，能透过表情读懂对方的情绪。但是如果一个人脸部肌肉僵硬的话，会出现怎样的情况呢？不能敏锐地感知表情的变化，是否真的会影响到感情的表达呢？

这种情况确实很有可能发生。给打过肉毒素针和没有打过的人看带有各式各样表情的照片，让他们猜照片中那个人的感情变化，结果发现打过针的人对此表现得更迟钝。所以在打针之前斟酌一下肉毒素的副作用很有必要。

身体接触会传达爱意

在读懂感情和传达感情的过程中，表情的作用不可忽视。但是在沟通过程中，我们还可以通过很多别的方式进行感情交流，其中一种就是利用触觉。

说到“触摸（touch）”，大家都会先想到触摸屏智能机。但是这里所说的触摸，与IT界通常提到的触摸不太一样。在心理学领域，触摸是通过皮肤与皮肤的接触，利用触觉进行沟通的方式。这种方式被关注已久。

有一位很有名的心理学家，叫哈利·哈洛（Harry Harlow）。他有一个研究课题是通过乳猴和母猴的关系研究“爱意（亲密的关系）”和“社会性孤立（排斥）”等现象。

他的实验方法较为残忍。他把乳猴和母猴隔离起来观察乳猴的异常反应。在实验中，被隔离的乳猴在成长期间没有妈妈，即使有很好的伙食和环境，也会变得带有攻击性，或者出现自闭、自残等现象，而这些都是神经性疾病。对于猴子来说，这是一件非常残忍的事情。但是通过这个实验，心理学家们知道了对于灵长类群体来说，接触是多么重要的一件事情。

那么在喂食的妈妈和传达温暖气息的妈妈中，哪位妈妈更受欢迎呢?

为此他又做了个实验——用铁丝做了一个有奶喝的母猴像，用松软的稻草做了一个没有奶的母猴像。猴子会选择哪个妈妈呢?

猴子先去铁丝做的母猴那里喝了奶，喝完就跑到稻草做的母猴那边，直到肚子饿得不行了，就再跑去前者那里喝几口奶，然后再跑回来，就这样一直反复。这表明比起吃饭，猴子本能的反应更倾向于温暖的接触。

这个研究结果引起了更大的风波。当时社会上普遍认为最好的育人之道是为孩子提供更干净的环境、更好的营养以及更好的教育。但是这个研究结果表明，身体接触对于灵长类而言是传达爱意和温暖的更为重要的一条通道，是建立纽带感的更重要的手段。

这种看似很简单的接触，在我们人类生活中真的会起到这么重要的影响吗?从结论来说，绝对是真的。这样的事实在运营方式不同的孤儿院中得到了证实。

环境干净卫生（为防止感染，保姆禁止随意触碰儿童），每天提供非常好的伙食的A孤儿院的孩子们，普遍出现了类似自闭的症状（与他人没有任何互动），而且出现了早死的现象。相反，B孤儿院卫生条件一般（保姆一直抚摸儿童，孩子们总在一起玩乐），其他条件也比不上A孤儿院，但是B孤儿院的孩子们在性格和健康方面没有出现任何不良现象，快快乐乐地成长着。

通过这样的实例，学者们重新认识了接触的重要性，“皮肤与皮肤的接触在人的发育，尤其是在社会性和生存技能的发展过程中有可能就是非常重要的因素”。学者们鼓励孤儿院在培育孩子时多触摸。建议被采纳后，孤儿院的死亡率下降了，神经类障碍也减少了。

与此同时，心理学家和医生们对触摸对于儿童的相关效果也做了很多研究，结果无一例外地表明，在儿童的身体和社会能力发展过程中，触摸是非常重要的因素。

在安抚儿童时，妈妈的身体接触是最为有效的。比起其他安抚方式，儿童在被抱住时不仅哭声减弱，血压、压力等相关的人体生理指标数值都会有所降低。患病儿童在妈妈经常抱的情况下，会出现疾病被更快治愈的现象。

这是因为触觉可以让我们感觉到有人陪伴在身边，可以让人有安全感和被爱的感觉，同时可以帮助我们消除压力，使我们正常发育。

肯尼斯·泰（Kenneth Tai）和同事们的研究也表明，经常抚摸小熊玩具会减少孤独感，让人变得更具有善意（比如会做更多的慈善捐赠等社会公益活动）。

学者们也表示，这种现象之所以会出现，正是因为“温暖的触觉”所带来的情感上的效果非常大。最近，做此类实验的研究学者越来越多。

接下来我们具体了解一下，在各种社会环境中，人们通过触摸可以做到哪些事情。

传递感情的最好方法

在我读高中的时候，有一天，不好的事情接踵而来，我特别郁闷。晚上十点左右，结束晚自习后，我低着头，独自一人走在回家的路上。漆黑的街道空无一人，天气也有一丝凉意。我正在路上孤单地走着，右手突然传来一股温暖的感觉。一位友人小心翼翼地抓住了我的手。

虽然我不记得那位友人说没说过“你还好吧”之类的话，但从他温暖的手心里，我感受到了他为我担心的含义。在那个瞬间，我心里的郁闷立刻烟消云散，嘴角还露出了笑容。我心想：最好的安慰不就是这样的吗？

直到现在，我觉得孤独或者冷的时候，仍然会想起那双温暖的手。那天的经历确实让我记忆深刻。

比起千言万语，一只温暖的手所表达的东西会更多。简单的身体接触会胜过千言万语，而且能更好地传达爱意或者安慰之情。

事实上，我们可以通过身体接触，正确地传达多种感情状态。这叫作身体接触的“社会性沟通技能（social communicative function）”。简单的身体接触也能够让人们有触电一般的感觉。

建立人际关系的时候，感情交流有那么重要吗？答案当然是肯定的。所有的关系都是从青涩开始的，但是经过聊天、说笑等感情交流，人与人之间会真正地确立关系。特别是交流感情方面或者感恩方面的话题，会使人们更快地建立亲密的关系。就像“say you love me（说你爱我）”和“请说爱我喜欢我”等歌词所写的那样，人的感情是需要沟通的。

我们来看一项关于通过身体接触交流感情的研究。有两个人，其中一个负责用身体接触传递感情，另一个人负责猜对方所传递的感情。俩人之间设有挡板，互相看不见对方的表情、动作，而且带着耳机，听不见彼此的声音。但是挡板中间会有个洞，“感情传递者”通过这个洞，用手去摸对方的胳膊，以此来传递感情。

传递的是什么样的感情呢？

“感情传递者”事先会得到一个目录。这里有第一基本感情Ekman’s emotions（愤怒、恐怖、悲伤、讨厌、吃惊等），第二自我中心感情Self-focused emotions（社会性稍微欠缺的感情，即自负、嫉妒等），第三社会性感情Prosocial emotions（通过建立关系产生的感情，即爱、感恩、同情等）。

猜测的人手里也会有相同的目录。结果显示，猜测的准确率特别高，虽然只是利用触觉来猜，但是猜测的人就像是亲眼看见了另一个人的内心一样。

有趣的是，基本感情和社会性感情几乎都能被准确地传递出来。但是对于自我中心感情，人们基本上做不到这一点。可见，身体接触起到的仅仅是促进社会交流的纽带作用。

要想向受伤的朋友传达安慰之情，或者向父母表达谢意和尊敬，又或者向恋人表达爱意，试着轻轻地拥抱他们吧。

Talk 用握手给予信任感和好印象

我们与他人初次见面时，特别是商务场合，首先会以握手的方式进行接触。握手这一简单的动作，也蕴含着许多社会生活的技巧。

特别是在西欧文化圈里，人们认为充满自信、强有力地握手才能传达自己的感情。所以握手这一简单的动作也可以对我们在他人心中的印象造成很大影响。事实上，唯独握手与其他基础行为不同，因为握手与“信赖”相关联。据说，握手意味着自己手上没有武器，但事实上，人们更倾向于认为握手不仅仅是建立亲近的关系，还是互相建立信任的行为。即握手能够给人一种好的印象。

而且充满自信的握手会使我们的交际能力看起来很出众。有一种研究结果表明，在面试的时候，面试官会根据握手时自信感的大小来做出不同的评价。面试官会觉得握手时充满自信的人更善于与人交往，所以这种人的面试通过率也比较高。

在互相建立信赖感的过程中，例如在相互协商或者交易的时候，握手是一个必不可少的环节，原因可能是彼此想建立更好的信任关感，给对方留下好的印象。所以，在不握手的情况下进行的协商，和经过亲切的握手建立的协商可能有相当大的差距。

有必要和他人建立彼此信赖的关系，或者有必要给他人留下好的印象时，我们要铭记充满自信的握手是很有必要的。

因为心跳，陷入爱河

这次我们讲一下怎样通过互相接触的经验产生好感，进而使彼此变得亲近。

恋爱中的人最喜欢的就是一起坐“过山车”。与恋人一起尝试既刺激又惊险的游戏能在不知不觉间增进感情。这是为什么呢？

陷入爱河之后，我们的身体会产生哪些变化呢？我们最先想到的应该是心脏“扑通扑通”直跳。电影或漫画当中经常出现一个人紧张得心脏好像就要跳出来的画面。但是，相反的情况也能够成立。虽然陷入爱河会导致心跳加速，但是，人们也会因为心跳加速而认为“这就是爱情”。

有一座在高处晃动的桥和一座在低处的坚固的桥。桥的对面有一位漂亮的女性。这位女性会对穿过桥的人（男人）进行简单的提问。提问结束后，这位女性会将自己的电话号码留给对方，并且会说“有事尽管联系”。

我们已经知道结果了吧？穿过险峻（在高处晃动）的桥的男人比穿过平稳（在低处、坚固）的桥的男人更容易接受这位女性的联系方式，双方还会说一些“有空一起喝杯茶”之类的话。

产生这种现象的原因是，穿过险峻的桥的时候出现的心跳加速的身体反应会使人产生“我好像爱上这个女人了”的错觉。所以，心惊胆战地穿过桥与女性碰面之后，男人会不由得产生想要与女性约会的冲动。

心跳+美女

=爱上这个女人

男人们在越过险峻的桥后的心理状态

如果真的存在丘比特之箭的话，可能也会产生相近的效果吧。一个人仅仅是注视着对方，结果却产生了剧烈的身体反应（心跳），这会让人有一种“我是不是爱上这个人了”的感觉。可能是这样吧。

总之，身体反应（心跳）可以成为爱上对方的信号。恋人们觉得坐过山车很浪漫，也可能是因为亲身体会到了这种身体反应（心跳）。

一起经历能够引发愉快的身体反应的活动也未尝不是增进感情的好方法。除了坐过山车，一起看节奏紧凑的电影或者搞笑的喜剧短片也是很好的方法。另外，摄取较多糖分也会加快身体反应，所以一起吃甜食也是很好的方法。

值得留意的一点是，如果不怎么喜欢的人使我们心跳加速的话，我们可能会更加讨厌那个人。因为这种情况可以解释为：“心跳+不怎么样的人=我是不是很讨厌他或者害怕他？”我们一定要记住，要让对自己有好感的人心跳加速。

若想提高亲密感，就要培养共同点

与朋友一起散步的时候，我们突然发现一个长相奇怪的外国车。我大声嚷道:“啊！那个好像什么虫子。”朋友马上回答道：“七星瓢虫！”顿时，我们俩互相看着对方大笑起来。因为我想起来的虫子也是七星瓢虫。

看到那辆车时，我们同时想到了相同的虫子。我们自豪地说：“我们俩是灵魂相通的，是最佳拍档。”虽然这只是件小事，但因为有个共同点，我们当时都感觉很开心。大家也有过类似的经历吗？

如果有人跟我们有共同点的话，我们会对他很有好感。这就叫作分享自己最主观的各种经验，即叫“I-sharing”。

关于“自我（self）”，学术界有很多理论，其中最具代表性的是把自我分成I和ME来看。首先，ME是“客观存在的‘我’”。例如年龄、学历、出身等“客观存在”。相反，I是很难进行客观解释的主观的。例如，“我”的主观思想，只有“我”自己才知道的想法或见解。

如上所述，对于主观价值观或者各种经验的分享，就叫“I-sharing”。对于客观的东西的共享，就叫“M-sharing”，比如根据校友关系、地域关系等因素进行的交往，以及建立在这种基础上的分享。

但是，研究表明，如果想要与他人亲近的话，I-sharing要比M-sharing效果更好。初次见面时，如果有很多客观共同点的话，双方会比较容易接近；

但是如果持有共同的价值观或者思想的话，双方会更容易彼此产生好感。

让我们想象一下初次见面的陌生人。如果这个人跟我们在同一个地方住，在同样的学校读书的话，我们会感觉比较亲切。如果和这个人一起去过偏远的旅行地，或者一起去看过演出，或者做过相同的志愿服务，或者对于某个事件持有相同的看法和见解的话，我们的好感度会比之前更高。

初次见面时，如果仔细观察的话，我们会发现，人们一开始会交流住的地方等有关“ME”的信息，接着会分享各自喜欢的食物、电影、音乐等。然后就渐渐开始了解关于“I”的信息，例如看看彼此的想法或者见解有没有共同点等。这是想要通过分享主观的自我使彼此关系变得更加亲近。

希望大家能够记住一点，那就是内在的共同点越多，彼此的关系就会越亲近。所以我们要与周围的人建立更多的“共同经历”。鉴于这一点，旅行是非常好的方法。建立共同的爱好也是不错的方法。

Talk 经常出现在别人眼前

越是觉得对方很眼熟，越是觉得对方跟自己比较相近，我们就会越喜欢对方。对话和交流心得虽然也是一种比较好的方法，但是还有更简单的方法。那就是经常出现在对方眼前。

有这么一项实验，实验人员让长相差不多的几名女学生各去上0次、5次、10次、15次课，然后给每次都来听课的其他学生分发这几个女生的照片，让他们评判哪个学生比较亲近，哪个学生更有魅力，哪个学生跟自己比较像。结果是出勤最多的女学生获得了最高分数。

即经常出现在眼前的人，会让人觉得更亲近，更有魅力，跟自己比较像。这就叫作“纯粹接触效应”。仅仅是在他人面前经常出现就能增加他人对自己的好感。

但是，有一点要注意，那就是对方对你已经产生了不好的印象。如果你在这种情况下还经常出现在那人面前，结果对自己反而不利。假如一个不想看到的人经常在眼前晃来晃去，我们难道不会觉得那个人会更令人讨厌了吗?

综上所述，在没给对方留下不好的印象的前提下，想与对方接近的话，我们就应该经常在他面前出现。

与此类似，人们更容易跟自己家附近的人更亲近。因为比起离得远的人，人们与自己家附近的人会经常见面，也会有更多的对话。这样就会有很多增进感情的机会。

而且，比起相隔较远的人，住得比较近的人更容易维持亲近的关系。有人分析了在大学宿舍住了4年的学生之间的关系，得出的结论是，一个人离自己的宿舍越近，我们对他的好感就越高。具体来讲，就是与隔壁房间的同学变成好朋友比跟隔一间房的同学变成好朋友的概率高出一倍。即，我们更容易对住得近的人产生好感。

能跟自己想要亲近的人住得近一点固然很好，但是如果实现起来比较困难的话，我们就得想想怎样才能够在同一个地方共同进行一些活动。但是凡事要有度，我们不能像尾随者一样跟在别人身后，与对方产生物理性的交集是获得对方好感的很好的办法。

成为社会性动物，更好地生存

在这个章节里，我们主要解释了在日常生活中能够直接用到的人际交往技巧。给人留下好的印象，读取别人的内心感受，利用“接触”进行沟通，分享主观思想和见解，经常出现在别人眼前等都是效果明显的与人交往的本领。

这部分内容加上前面所讲的内容（什么样的人能够过上好的社会生活，我们为了建立良好的关系应具备的态度或想法有哪些等），能使我们系统地了解有关人际交往的知识。掌握并灵活运用这些知识，我们就可以成为适应能力很强的社会性动物，很好地生存下去。至少我们能够理解在日常生活中遇到多种多样的社会状况时人们为什么会这么做。

对于自身和他人，以及两者之间的关系，我们好像有所了解，但事实上又不怎么了解。希望心理学蕴含的丰富的智慧，能帮助大家更好地理解自身和他人。

Part 4
既不受伤又能让关系变得更牢固的方法

我们会和不同的人形成不同的关系，如朋友关系、恋人关系、职场同事关系等，这些关系之间都存在着较大的差异。

这次让我们来了解一些能够使关系进一步成熟的事情。在这部分内容中，我们要着重考察恋人关系和职场同事关系，了解异性关系中哪些因素会让人感受到彼此的魅力以及怎样成为关系融洽的恋人，分析职场中的一些上司为什么会那么讨人厌，职场关系中的人际关系会对我们的业务成果带来何种影响，等等。最后再讨论一些应对这些关系中的矛盾时可以采取的措施。

01 他为什么会吸引我？

魅力十足的他和她的秘密

恋人相处融洽的条件是相近的性格、相等的条件、相似的外表等，也就是说具有很多相似点的人更容易走到一起。事实上，当被问及希望选择什么样的人作为自己的伴侣时，人们倾向于选择和自己的性格相似的人。但是我们脑海中的这些想法真的适用于现实生活吗？我们真的会更容易对与自己性格相近的人产生好感吗？

彼此之间的哪些特征搭配协调才能够成为不错的情侣呢？这个问题暂且搁置一边。我们通常会被他人身上的哪些特征所吸引呢？即，具有哪些特征的男性或女性能够享有高人气呢？而且，什么样的人容易坠入爱河呢？

人们通常会说，寻找恋人时，男性一般会在乎女性的脸蛋、身材等外部要素，而女性则注重男性的性格等内在要素。那么，这到底是不是事实呢？之所以会出现这种说法，据说和男女的性欲差异有一定的关系，而这又是否属实呢？

对于理想型伴侣的讨论是恋爱的相关话题中不可或缺的内容。如果遇到理想中完美的恋爱对象，双方会维持多好的关系呢？即，对方接近自己心目中理想伴侣的程度大小，会给双方关系的发展带来何种影响呢？

看待异性的眼光，时时刻刻都会变

上述问题乍一看非常容易回答，事实上却是相当复杂的。第一眼看到异性时，相处一个月时，相处数年时，结婚之后……双方关系发展阶段的不同会导致我们对对方产生不同的期待。在相亲场合我们会对某种特征产生期待，而随着关系的深入，我们会逐渐追加其他要素，而最开始向往的特征也有可能逐渐变得不重要。

建立关系的目的不同，彼此之间看中的要素也会出现差异。比较一夜狂欢的对象和相濡以沫一辈子的对象时，我们就会发现自己对两者的期待值会有很大的差异。

影响我们感受到异性身上的魅力，并帮助我们维持良好关系的要素及这些要素的影响力，根据发展阶段和目的的不同而有所不同；但与此同时，这些要素及其影响力又和本人的性格，即自己是否属于容易喜欢上他人的性格有关系。如果你是一个对他人毫不苛刻，无论何种特征都能予以包容的人，那么无论遇到何种性格的人，你们都能够维持良好的关系。相反，如果你对他人有各种各样的期待，不容易相信他人，也不容易喜欢上他人，那么无论对方是何种人，你们都不太可能维持良好的关系。

包括异性关系在内的所有关系不仅受自身性格的影响，还会受到对方性格的影响。因为关系并不是一个人就能造就的，所以自身的多种性格特征与对方的多种性格特征之间的不同组合会带来不同的结果。

因此，“哪些人容易相处”或“哪些人比较有魅力”是很难用一两句话回答的。建立关系的最初目的、关系发展程度、自身性格、对方的性格、两个人的性格匹配程度等，都能影响这些问题的答案。

因此我们要认识到，人与人之间的关系从一开始就是非常复杂的问题。接下来，让我们了解一下心理学在异性间的魅力和关系形成问题上取得了哪些发现。

性格不同也能铸造很好的姻缘

很多情侣会将性格差异作为分手的理由，我们也往往会认为，只有性格相似的人才能够维持较好的关系。事实果真如此吗?

其实，心理学界在这一问题上也因各种不同的发现存在着较大意见分歧。作为研究对象的情侣们有些刚刚开始恋情，而有些则发展到了一定程度。研究表明，处于不同阶段的恋人会由于性格相似程度的不同而受到不同的影响。一些实验还将初次见面的男女作为对象，在实验室中营造了人为的环境，如将研究对象的性格写在纸上交给异性等。然后研究人员将这种情况与自然相遇的情况进行了比较，结果发现性格相似有时会对关系的满足度产生影响，而有时则毫不相关。

有些研究者为了得到这一复杂问题的最终结论，综合分析了313个相互不同的研究。他们给出的结论便是：性格相似会影响人们感受异性身上的魅力，在一定程度上影响着双方关系的质量，但这些影响并没有人们普遍认为的那么大。

真正重要的问题并不是性格方面有多少相似之处，而是主观地感受对方到底和自己有多像。即，具有很多共同点的“感觉”会对双方关系满足度高起到重要的作用。

性格有多大程度的相似度，会与男女初次见面时被对方吸引的程度有关系。然而，随着关系的发展，双方会逐渐了解对方，而性格的相似程度所具有的影响力也会逐渐下降。

比如说，如果我们初次见面的时候感觉到对方和我们有着很多共同的性格特征或爱好的话，就很容易对其产生好感。假如一个人的性格非常外向，而对方也如此，而且两个人都热爱运动，那么彼此之间肯定会产生亲近感。然而，随着关系的发展，双方客观上具有多么相似的性格特征或爱好将会变得不再重要，真正重要的是对彼此相似的主观感觉。有研究表明，关系良好的恋人从彼此身上感受到的共同点要远远多于实际的共同点。

想一想你曾经接触过的某个人。你喜欢他或她的哪一点？你喜欢的他或她身上的某种元素和你自己的有没有相似之处？

拿我来说，和我关系好的人大多是和我不同的人。曾经有一个人用他那与生俱来的细心照顾我这个天生粗心大意的人，而我在他身上感受到了巨大的魅力。相似的性格偶尔会给双方关系的发展带来很多益处，但不同的性格也有不少益处。所以，我个人感觉性格本身对人际关系并没有太大的影响。

更重要的是，我和那些性格不同的人会为了迎合对方而付出很多努力。通过这些努力我们能够理解和接受对方的不同，会逐渐感受到“我们之间有太多的不同”。

正如无数研究所提到的那样，差异本身并不会构成问题，重要的是为了理解和接受对方是否付出了努力。归根结底，“性格差异让我太痛苦”之类的话不就是因为自己不愿意改变，单纯希望对方做出改变而做出的抱怨或辩解吗?

即便如此，相似之处至少对一点有好处，那就是价值观，即支配一个人人生的重要原则或目标。有研究表明，在恋人关系中，价值观产生的影响比性格所产生的更重要。研究结果表明，政治观、经济观、宗教观等多种价值观相似的情侣，要比性格相似的情侣具有更高的关系满足度。性格上存在差异无所谓，但价值观却不可以。

尤其在一些重要的问题上，价值观的差异会对双方关系产生负面影响。比如说，政治倾向非常明确的人如果遇到与自己的政治倾向完全不同的人，双方最终分手的概率就很高。相反，在一些无关紧要的问题上的价值观差异并不会太大地影响双方关系。

人生当中，每个人都有最为看重的价值。然而，如果对方在这些价值的问题上持有与你对立的立场的话，两人就很难继续维持深度关系了。比如说，你在物质层面上并没有太多的追求，而对方却非常重视这些，那么两人之间的矛盾就会因此愈演愈烈。

综上所述，因性格差异而分手这一理由很有可能等同于“没有为理解对方而付出努力”。因此，我们不要执着于找一个性格相似的人。我们应当明白，人生当中最可贵的是一个能够向同一个方向看齐的人。

俊男会得到美女

通常所说的“物以类聚”可以理解为外貌水平或社会地位相似的人会聚在一起。最典型的组合便是张东健和高素英夫妇。那么，双方到底是不是必须条件相当才能感受到彼此的魅力呢?

这个问题的答案是，“在一定程度上，是的”。单纯从外貌说起，情侣之间的外貌魅力值大体上是相仿的。漂亮的女性更倾向于与英俊的男性约会，而英俊的男性和漂亮的女性约会的概率也更高。

从最能够体现社会性动物价值的指数——“人气度”方面来说，人们也渴望与人气度和自己相仿的人在一起。有一项研究分析了相亲约会网站3000多名男男女女彼此联系的情况，结果发现，人气高的女性大体来讲倾向于和人气同样高的男性联系。

这种物以类聚的现象在某种程度上意味着人们会对魅力值与自己相仿的人产生吸引力。事实果真是英俊的男性会被漂亮的女性所吸引，而不英俊的男性会被不太漂亮的女性所吸引吗?

都说每个人都有属于自己的另一半，但事实并非如此。无论自身的魅力值如何，每个人都会被外表英俊美丽、享有高人气的人所吸引。就算自身没什么魅力，也同样渴望和漂亮、有前途的人在一起。

下页图是通过相亲约会网站分析的人们彼此之间联系的情况。通过仔细观察可以发现，相比于自尊感（认为自己有前途的程度）高的人，自尊感低的人更倾向于联系条件比自己差的人。但无论是自尊感低或高，每个人都渴望联系魅力十足的人。无论是男性还是女性，都出现了这种现象。

通常，“每个人都有自己的另一半”和“物以类聚”之类的话并不适用于接近他人的阶段，而更适用于接近之后决定实际“成功率”的阶段。

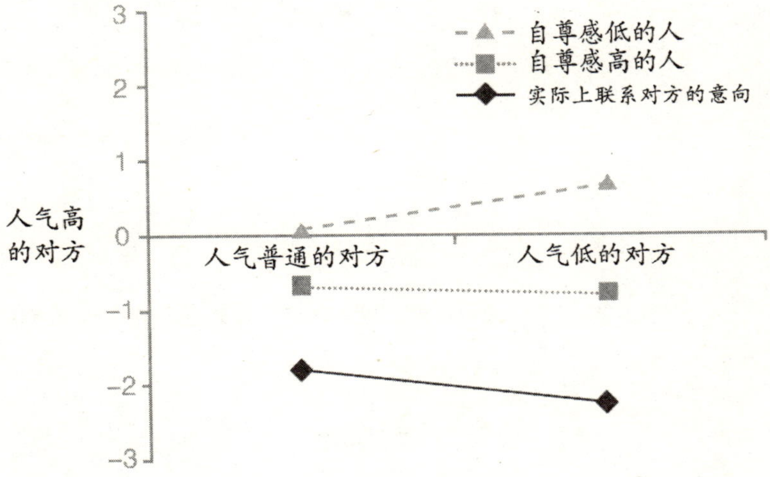

人气低的人会联系人气低的人吗?

无论自己条件如何，人们都向往着美丽和帅气的恋人，并且为了实现这一目的不断努力；但魅力值高的人很可能不会予以理睬。魅力值高的人如果遇到魅力程度与自己相近的人主动接近，接受对方的可能性很高。

让我们看一看下页的图片。首先，漂亮英俊的人主动示爱，在对方接受的情况中，很大程度上是因为受到追求的人也拥有相近的魅力值。而魅力值较高的人向魅力值较低的人示爱时，反而出现了被拒绝的情况。相反，稍逊一筹的人向魅力值相近的人示爱时会有较高的成功率。即，虽然每个人都会对外表出众的人产生好感，但只有向与自己魅力相近的人示爱时，实际成功率才会保持在较高水平。

眼光高虽然不是一件坏事，但若想真正找到另一半，我们需要做出更具战略性的选择。

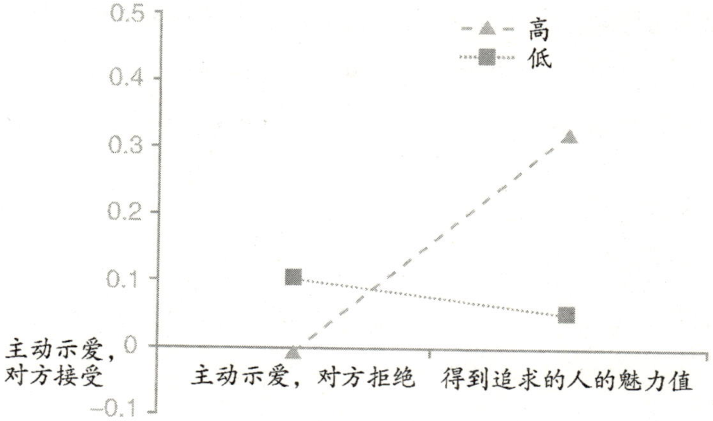

物以类聚

换句话说，我们应当认识到，只有向和自己相近的人靠近时，成功才能得到保障。虽然这话听起来有点可悲，但换个角度想一想，世上所有的人都有属于自己的另一半，这岂不是一件让人充满希望的事情吗？

长成什么样的人有高人气？

无论是价值观近似的人走到一起，还是魅力水平相近的人结双成对，都涉及关系当事者的特性如何协调的问题。接下来让我们了解一下，具有何种特征的人容易吸引到异性。

最先让人想起的要素必然是“外貌”。通常来讲，长相出众的人比其他人更容易享受到较高的人气。尤其在相处不久的状态中，外貌能够起到决定性的影响。

有一项研究让人们在一场舞会中结交陌生人，通过随机配对让人们在一起度过一段时间，之后调查哪些人更受欢迎。结果表明，受欢迎的程度与性格完全无关，长相越出众，人气就越高。在遇到平生第一次见到的人时，决定对方好感度的要素除了外貌之外再无其他了。然而，我们会将何种长相当成好看的外貌呢？你通常认为好看的人具有何种特征呢？从脸蛋来讲的话，一般是经常挂着笑容、大大的瞳孔、清秀的眼眉、充满自信的形象比较受人欢迎。

此外，有趣的是，结合越多的面孔，就越容易出现能够让我们感到有魅力的脸蛋。合成50人的脸蛋要优于合成10人的脸蛋，而合成100人的脸蛋要比合成50人的脸蛋更好看。

这是因为，合成的脸蛋数量越多，掺入的熟悉的要素就越多，合成后的脸蛋变成了熟悉度较高的脸蛋，而脸蛋本身也会逐渐趋于对称（美丽的重要标准）。

此外，平均本身意味着良好的适应性与相关性，所以平均的脸蛋才会显得格外美丽。处于平均水平意味着能够很好地生存于当前的环境。因此，平均的脸蛋能够给他人带来有利于生存的信息。

这种平均的脸蛋在某种意义上被视为已经适应于生存的形象，因此人们会自然而然地认为平均的脸蛋格外美丽。人们通常的看法是，和那些拥有有利于生存的基因的人结合，才能提高产下生存能力较高的子孙后代的概率。

Talk **散发何种气味才能受到欢迎呢？**

对于异性魅力的感受不仅会受到外貌的影响，还会受到气味、声音等要素的影响。有些研究发现，先让女性闻一闻男性衣服上散发出的体味，再根据体味选择心仪的对象的话，女性们就会自然地选出具有良好遗传特征的人。这就说明，除外貌之外，体味也包含对方的遗传信息，人们会据此判断对方所具有的魅力值。

从声音来讲的话，女性往往会被那些充满磁性的男性声音所吸引，而男性的声音和男性激素的分泌量有着显著的关系。即，女性会被散发男性激素的声音所吸引。同理，女性往往会认为，声音低沉的男性更容易出轨。因为声音低沉的男性魅力十足，所以出轨的概率也会相应提高。

经潮期女性的魅力

人类归根结底属于动物，属于生命体。所有生命体都拥有共同的目的——生存与繁殖。因此，和其他动物一样，处于有助于繁衍后代的时期，即经潮期（可受孕期）状态的女性有着更大的吸引力。

男性会对达到最佳受孕期（排卵期顶峰）的女性产生额外的好感。一家名为“绅士俱乐部”的俱乐部进行了一项研究，他们发现当女演员处于受孕最佳时期（排卵期）时每天能够挣到355美元，在排卵期和月经期之间的时间段内每天能够挣到260美元，而在受孕可能性最低的月经期每天只能挣到185美元。此外，相比长期服用避孕药物的女性，不服用药物的女性能够赚到更多的钱。

表征女性处在“可受孕状态”的信息，即女性的激素状态通过体味或其他各种途径传达给男性时，得到信息的男性会无意识地对受孕可能性较高的女性产生额外的好感。男性只有对受孕可能性高的女性产生好感，繁衍后代的概率才能增加，所以从生存与繁殖的角度来看，这种现象是非常符合生命体使命的反应。

另一方面，经潮期期间，不仅男性会对女性产生额外的好感，女性也会出现比平时更注重打扮的现象。越是处于排卵期的顶峰，女性就越倾向于穿比较暴露的衣服，或增加美容、服饰等方面的支出。此外，女性的嗓音也会提高。女性在可受孕时期主动提升自身魅力值的行为也进一步提高了男性对女性的好感度。女性如果突然间非常渴望购买化妆品或新衣服，或是将自己打扮得漂漂亮亮的话，说不定她正处于排卵期。

经潮期还会影响女性对男性的看法。处于经潮期的女性会觉得自己的男朋友和平时不太一样。男朋友外表魅力值较低的女性们越是接近排卵期的顶峰，就越不愿意靠近自己的男朋友。相反，若是男朋友长相英俊身材魁梧，女性们越是接近排卵期的顶峰，就会越发觉得自己的男友魅力十足。

换句话说，越是处在可受孕的状态，女性就越青睐能够提供更优秀基因的男性。这样能提高自己的后代得到优良基因的可能性，所以这些行为也是女性的一种本能反应。如果你的女朋友总是周期性地疏远你，那你就有必要多为自己的外貌费费心，提升一下自身的魅力值。

Talk 经潮期女性能认出同性恋者?

如上所述，经潮期可以影响到女性对男性的判断。处于排卵最活跃时期的女性，即受孕可能性最高的女性会以“能否提供优良基因”为标准判断男性的魅力。

类似的，女性可以在经潮期时较准确地区分异性恋者和同性恋者。神奇的是，女性单靠“看男性的脸”就能够做出这些判断。

有一项研究向女性们提供了80名外貌与表情魅力度相似的男性照片，并让她们判断哪些是异性恋者。结果，越是处于排卵活跃时期的女性，就越擅长看出照片中男性的性取向。

这种结果的准确性仅仅局限于判断对象为男性的情况。当对象改为女性时，无论是否处于经潮期，女性都无法准确猜出判断对象的性取向。只有当判断对象为男性时，女性才能够猜出对方的性取向，这种现象说明，处于经潮期的女性不仅仅是对男性的性取向变得敏感，还能够对“潜在配偶”施加更多的注意力。

学者们解释道，之所以会出现这种现象，是因为对于女性来说，男性的性取向，即表征女性受孕可能性的指标会随着可受孕期的来临变得越来越重要。越接近可受孕期，能否与对方产下后代的问题就会变得越重要，因此女性才能够准确判断男性的性取向。

自信十足的男人，看起来幸福的女人

人们通常会说，“男人要自信”。而自信心十足的男人果真会受欢迎吗?

至少在表情上，充满自信的表情能够博得女性的好感。有一项研究分别给男性和女性展现了幸福的表情、自信十足的表情、害羞的表情、面无表情等四种照片，并且询问实验参与者照片中的人有多大的吸引力。

有趣的是，这项研究得出了与人种或年龄无关的结果：在男性照片中，只要是自信十足的表情就会得到女性的一致好评，幸福的表情则最不具有吸引力。男性害羞的表情和无表情在魅力度方面没有很大的差别。

相反，他们对女性的评价是，幸福的表情更能展现出女性的魅力，而害羞的表情则表现不出任何魅力。还有一个相当有趣的现象是，男性普遍认为自信的表情最有魅力，而女性则认为自信的表情没有丝毫魅力。

女性照片中最受欢迎的是幸福的表情，而女性本身却最不喜欢幸福表情，这一结果有些令人意外。相反，自信十足的男性能够得到女性的欢迎，而充满自信的女性则得不到男性的好感。事实上，男性认为自信是吸引异性的重要工具的说法，是有科学性根据的。

关于产生这种结果的原因，专家分析说，男性想要展现生存能力坚韧这一良好配偶的特性，女性则希望显出顺从和女人味。实际的原因究竟是怎样的，确实是一个值得思考的有趣的话题。

男性们请记住，在自己心仪的女性面前要表现出自信的状态，或至少做出自信的表情。

诱惑的时候最好穿红衣服

红色口红、红色短裙等通常被认为具有诱惑的性质。红色是一种性感的颜色。可是为什么在如此众多的颜色中，女性偏偏只选择红色为性感的代表颜色呢？红色真的比其他颜色更容易显示出女性的魅力吗？

有关这个问题的实验非常简单（参照下一页图表），分别向男性们展示穿着红色和白色、灰色、绿色、蓝色衣服的女性照片，并让他们回答一下几个问题：第一，这个女人是否有魅力；第二，她的性魅力如何；第三，是否有与这个女人发生性关系的欲望；第四，会不会与她约会；第五，如果与她约会，愿意为她花多少钱。

实验的结果是，男性普遍认为穿红色衣服的女性更有魅力。

从图表上可以很容易看出，比起其他颜色的衣服，男性们更倾向于认为穿红色衣服的女人更有吸引力，而且也会为她们花更多的钱。在约会费用支出方面，他们愿意为穿红色衣服的女人花双倍的钱；相反，女性却认为穿红色衣服的男性并不显得很有魅力。

出现这种现象的原因是什么呢？专家们的看法是，在动物的世界中，红色是与繁殖紧密相关的颜色。在排卵活跃期，许多雌性动物的生殖器官、会阴部、胸部和脸部都会呈现红色。这是一种随着雌性激素增加，血流量加快而产生的现象，而狒狒、黑猩猩、猕猴等灵长类在进入可受孕期时，会阴会变得格外红。

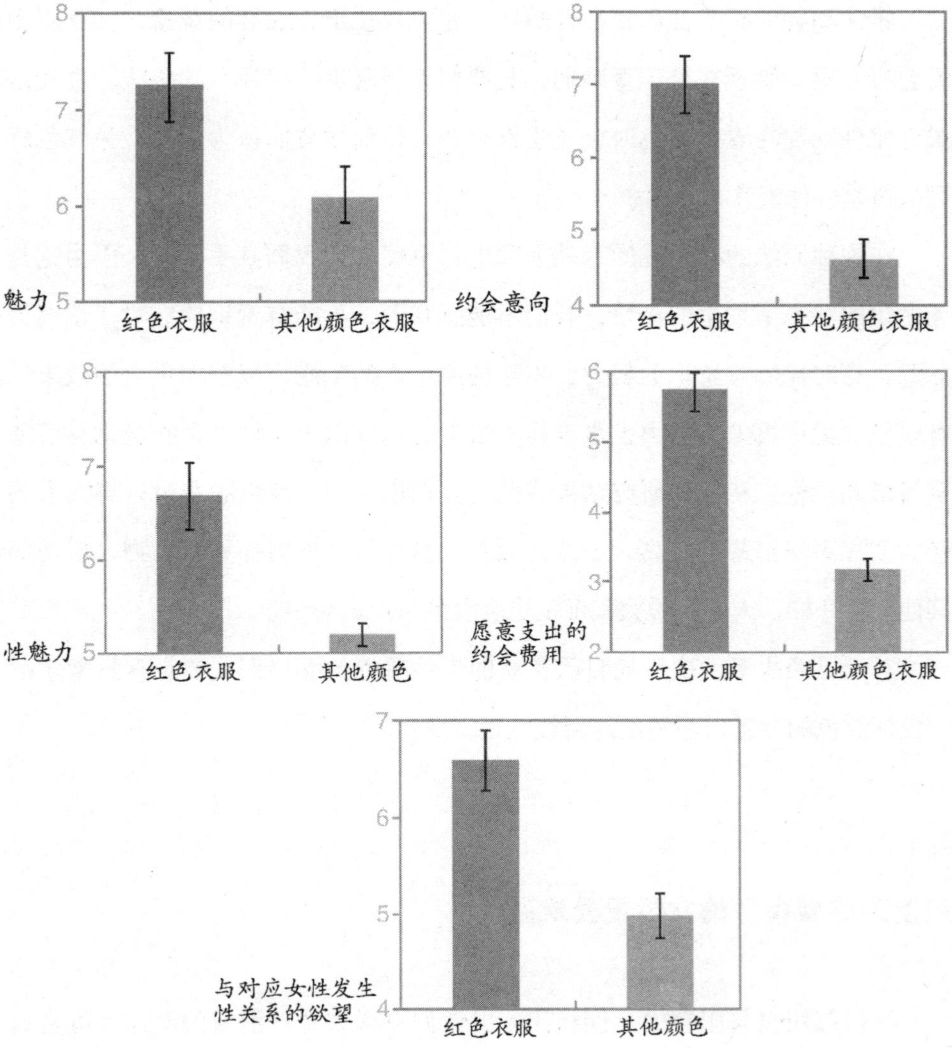

穿红色衣服和穿其他颜色衣服的女性的魅力度

雄性动物看到雌性动物在育龄期内相关部位出现变红的现象，无意识中就会有“啊，她现在处于育龄期，我要努力引起她的兴趣”的想法。也就是说，雄性动物在看到红色时会产生性兴奋。研究学者们认为，男性为红色感到兴奋是一件极其自然的事。

在这种原始的动物性的基础上发生的事情会让我们束手无策。因为这是无意识的状态下发生的事情，我们不能感知到，不能有意识地应对。正因为如此，有时比起有意识的努力，单纯的原始性的刺激可以发挥更大的效果。有时候，无论再怎么努力也很难提上去的魅力度因为一件红色衣服就有可能骤然增加。根据相应的研究结果我们可以知道，一件红色衣服可以将女人的魅力度提高三倍甚至更高。虽然说人类是具有复杂思想的高级动物，但是如其他动物一样，人类在很大程度上也会受到本能的影响。

对于已经果断地决定向自己喜欢的男性靠近的女性们，要想在日常生活中发挥红色的力量，巧妙地运用红色很重要。

饥饿时略有肉感的女性更受欢迎

我们都知道与肥胖的女性相比，男性们更喜欢身材消瘦的女性。可是这一点会随着男性的社会地位和饿肚子的程度而稍稍发生变化。一般情况下，越是社会地位或收入较低的男性，越会表现出偏爱胖女性的倾向。

关于出现这种现象的原因，研究学者们称，人类在自身拥有的资源不足时，自然就会认为看起来富足的胖女性更加漂亮。即当我贫穷时，对方最好是富裕的。

这种现象在男性感到饥饿的时候会表现得尤为突出。肚子饿就是一种维持生存的资源不足的信号，也是以后的生存说不定会很艰难的威胁性的信号。因此处于饥饿状态的男性，也就是生存资源不足的男性与收入水平低的男性一样，都偏好看起来富有的胖胖的女性。

研究学者们以某一大学食堂内饿着肚子的男性和已经吃饱的男性为对象，让他们看各种体型的女性的照片，并向他们询问什么样的女性显得更有魅力。

下页的图中，实心的点代表已经进过餐，肚子很饱的男性，空心的点代表还没有进餐，处于饥饿中的男性；横轴表示照片中女性的BMI指数（肥胖指数），竖轴表示男性对于照片中女性的魅力评价指数。

我们从图中可以一眼看出，处于饥饿状态的男性认为即使是BMI高的女性也很漂亮。当然，对于BMI指数在20左右的女性，不管是肚子饿的男性还是吃饱了的男性都表现出了偏爱的态度。但是吃饱了的男性对于BMI指数在20以上的女性表现不出丝毫的兴趣，与此想反，饿肚子的男性在对方BMI指数达到30时依然会认为女性的体型很有魅力。男性在吃饱的状态下偏好BMI指数为20的女性；而在肚子变饿的时候，即使是BMI为30的女性，男性也会认为很漂亮。

看到这个研究结果，有人会想："是不是应该让我男朋友饿着肚子呢？"同时，这项研究也反映了为了保持魅力而饱受减肥折磨的女性们的压力。希望女性们可以利用这项研究结果摆脱减肥问题的困扰（当然，这是玩笑话）。

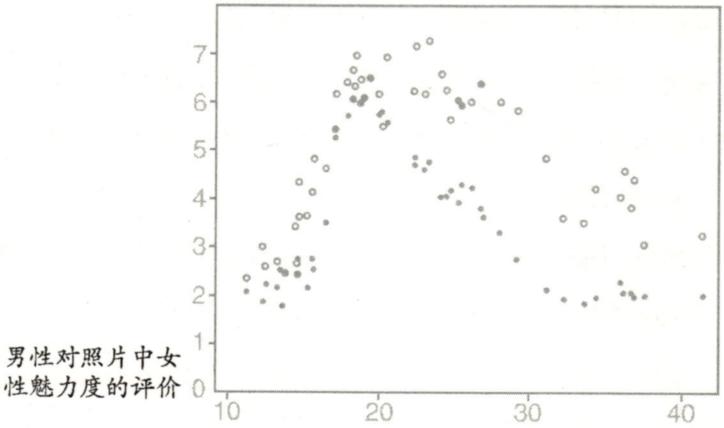

吃饱的男性与饥饿的男性眼中的魅力体型

男人的钱包容易在竞争者出现时经常被打开

前面我们分析了男性和女性更容易被具有怎样特征的异性所吸引。下面我们来看一看我们自己的何种特征以及何种情况下的何种因素会使自己的恋爱变得不顺利。

韩国是一个男女比例严重失衡的国家。在全部人口中，男性的比例要远远高于女性的比例。因此在今后的十年之内，结婚困难的问题将更加严重。男女比例失衡将会对结婚构成很大影响。在一夫一妻的情况下，如果有一方人口不足，另一方也只有干着急了。

在异性不足的时候，由于和异性交往的机会很少，人们就会很容易被异性所吸引。在可以交往的对象为数不多的现实状况下，不管对方是什么样的人，看起来都会漂亮、帅气吧？

不久前进行的一个实验曾以酒吧中的客人为对象，让他们对晚上10点、10点30分、12点、12点30分来的客人进行评价。也就是让男性客人对酒吧里的女性客人做出评价，让女性客人对男性客人做出评价。结果显示，越接近酒吧关门的时间——也就是在客人越来越少的时间——他们越是会对异性的魅力度给予高度评价。这种现象在单身男女身上表现得尤为明显。

在异性越来越少的时候，或相处的时间逐渐减少时，人们的心理开始变得焦躁，对异性的评价也会比平时更加宽容。

在男女比例失衡（男多女少）的情况下出现的另一个有趣现象是，男性会在女性身上进行更多的投资。

在男性比重较大的社会中，比起存钱，男性们更愿意立刻将钱花在女人身上。这样做的原因是，在男性比重较大的社会中，男性对于女性的争夺会越来越激烈。为了在这种竞争中胜出，男性就不得不进行大量的投资，如率先为女性买礼物等。因此，男性渴望为女性消费的欲望就会提升，甚至不惜贷款也要花很多钱和女性约会。

在一个实验中，为了了解一个男性比重较大的社会中男性存钱的愿望更大还是把钱花掉（甚至借债）的愿望更大，研究人员先让参与实验的男性们读新闻报道。其中一组实验参与者读到的报道内容大致为“男性数量要远远多于女性”，而另外一组实验参与者读到的内容是“女性多于男性”的信息。

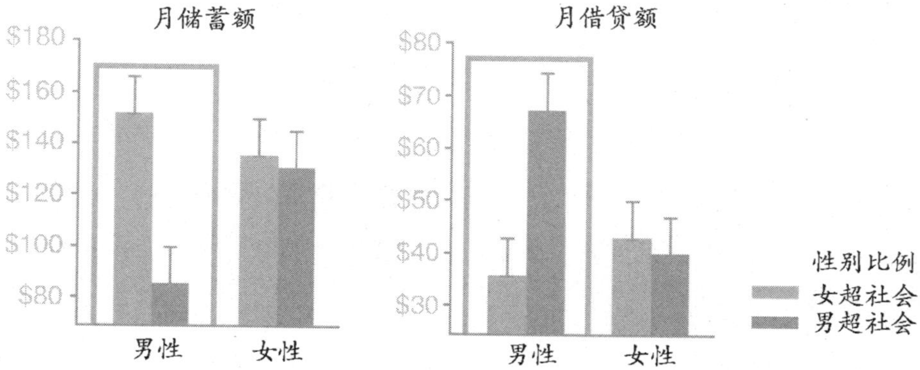

男超社会中的男性出现了减少储蓄、增加借贷的趋势

然后这两组实验参与者都对以后将储蓄多少钱、可以从信用卡里支出多少钱做出了回答。

实验结果如上图显示，男性们在男性比重较大的条件下（灰色条形）出现了储蓄更少（每月150～80美元）、刷信用卡比率明显增加（每月40～70美元）的现象。

金额出现了两倍的差异，这表明了男性比重更大的信息，即女性少，男性竞争激烈，结婚困难的信息在男性那里表现出了相当的威胁性。

其他的实验也对男超社会中男性是否愿意为女性多花钱做了调查（参照下页图表）。和上述实验一样，这项实验也是先向实验参与者们传达了男超社会和女超社会信息，并让实验参与者回答下列问题：男性会为女性准备什么价位的订婚戒指，约会的时候会带她去多贵的餐厅，情人节会送给她多贵的礼物，等等。这些都是在各种场合男性会为女性花多少钱的问题。

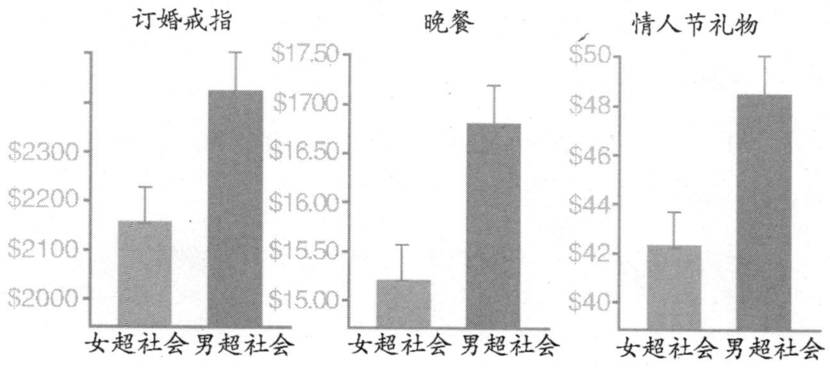

男超社会的男性会为女性支出更多

左边开始依次是对订婚戒指、晚餐、情人节礼物花费的调查结果。与女超社会中的男性相比，在男超社会中，多达2～4倍的男性认为应该为女性花更多的钱。

仅仅是男超社会这样一则信息就能够引起如此大的差异，这个结果实在令人吃惊。实验结果所揭示的现象是不是在说明，对于男性来说与女性交往是何等重要呢？处于男超社会中的韩国男性会不会因为要比其他地方的男性在女性身上投资更多而生活在压力中呢？

关于爱情的五句话

让我们来看看可以让我们获得爱情的因素还有哪些。首先用√或×来判断下面的问题。

1.有些人的性格本身就可以使其很容易收获爱情。（ ）

2.用美好的音乐营造气氛，会使人更容易陷入爱情。（ ）

3.喝醉的时候会认为对方更有魅力。（ ）

4.周围有人反对会使自己和对方的感情更加强烈，就像罗密欧和朱丽叶那样。（ ）

5.看见有魅力的人，对自己男/女朋友的爱情就会降温。（ ）

有些人的性格本身就可以使其很容易收获爱情。答案：√

一般情况下，性格开朗的人与性格内向的人相比，幸福的人与不幸的人相比，前者会更受人们的欢迎并更容易获得爱情。性格外向的男性脚踏两只船的可能性很高，性格外向的女性比起脚踏两只船则更倾向于和正在交往的男性分手然后结识新的男性。如果你的恋人是性格开朗并且幸福的人，那就有必要保持稍微的紧张感了。

用美好的音乐营造气氛，会使人更容易陷入爱情。答案：√

谈恋爱时的气氛也是一个重要的因素。比起悲伤昏暗的气氛，明朗幸福的气氛当然更容易使人坠入爱河。营造美好氛围的音乐有催生爱情的作用。

喝醉的时候会认为对方更有魅力。答案：√

酒也可以帮助人们提升彼此之间的魅力度。酒精摄取量越高，就越容易对对方产生好感。说不定这也是为什么会出现喝酒乱性的原因。当然，醒酒之后，人们就不得不面对赤裸裸的现实。

周围有人反对会使自己和对方的感情更加强烈，就像罗密欧和朱丽叶那样。答案：×

人们总是认为就像罗密欧和朱丽叶那样，周围人的反对会使爱情更加坚固。但是大多数情况下并非如此。没有人反对的爱情才能更加健康地发展。

这种现象在女性身上表现得尤为明显。周围的人越是欣赏自己的恋人，女性们就越会认为自己的恋人有魅力；反之则会认为自己的恋人没有魅力，甚至会经常为一个陌生人对自己恋人的某句评价而受到影响。所以，在女性面前应该谨慎使用“你男朋友看起来不怎么样”这句话。

看见有魅力的人，对自己男/女朋友的爱情就会降温。答案：√

把自己的恋人和其他人做比较也会影响我们对自己恋人的看法。这种影响在男性身上尤其明显。看过《花花公子》（*Palyboy*）杂志上漂亮的女性的男性们与没看过的男性相比，会认为自己的恋人没有魅力，甚至对恋人的爱也会随之降温。而这种影响在女性身上却并不明显。

在婚姻生活中，认为自己的妻子没有自己有魅力的男性们，婚姻满足度普遍很低，并且做出对婚姻有害行为的概率很高。

尤其是男性们如果认为自己的配偶没有其他女性有吸引力时，对配偶的爱的程度就会降低。这让人不禁联想到白雪公主里出现的王后，她是不是也是因此而想要除掉比自己漂亮的女人呢?

男性看外貌，女性看性格?

在这个部分，我们来谈一谈男性和女性的差异。一般情况下，我们都认为在看待异性时，男性比较重视外貌，而女性更重视能力和性格。事实上，如果把男性和女性在看待异性时认为重要的因素排序的话，会发现男性比较重视与外貌相关的因素，而女性则对与财力和性格有关的因素给出了高分。

但是我们脑海中对于选择恋人的这些重要标准在现实情况下也同样适用吗？也就是说，男性们一定会被漂亮的女性吸引，而女性们也一定会被能力强和性格好的男性吸引吗？

有一种叫作Speed Dating（闪约）的团体游戏：在每一张桌子旁安排一名女性，并让她和坐在这张桌子旁的男性对话五分钟，然后又转向下一张桌子，这样一轮下来，每位女性和每位男性都有了对话的机会。

在游戏开始之前，让游戏参与者们通过互赠礼物大概了解一下每个人的性格、价值观和兴趣等，并让他们在心里评价每个人的外貌和体型。游戏结束后让参与者们写下对其他参与者的评价，并为他们的魅力度打分。通过这种方式可以知道拥有何种性格、价值观和兴趣爱好的人更受欢迎。

通过这种方式考察人们在“实际见面”时，尤其是刚见面时更能被何种人吸引，男女参与者都表现出了更欢迎外貌俊秀的人的倾向。

研究结果表明，女性与男性相比不仅会考虑外貌，还会把外貌、性格或价值观等因素放在一起综合考虑。同时，这样的研究结果还说明，在感受异性魅力的时候，最重要的因素还是对方的外貌。也就是说不管是谁，选择恋人时都会为长相俊秀的人心动，这一点男人和女人是相同的。

当然，随着交往时间增长，被对方吸引的要素也可能会随之改变。即使是这样，也不能否认男女的外貌在选择配偶时起到的重要作用。

男性与女性的性观念，一样还是不一样？

最近，关于男女性观念的话题，出现了与我们过去的想法不同的主张。其中一个说法是，女性虽然普遍认为在感受异性魅力的时候，女性与男性相比更容易受到内在美的影响，而事实并不是这样。另一种说法是，男性和女性的性需求之间的差异并没人们想象中那么大。

和男性相比，女性发生性关系的对象更少？

许多研究都有这样的结果，如果对比男性和女性一生之中和异性发生性关系的次数，男性要比女性高很多。但是仔细一想，男性和更多的女性发生性关系，不也就意味着女性也会和更多的男性发生性关系吗？因为一般情况下性关系是同时需要男女双方的。

在一个实验中，实验参与者被告知下面这句话："如果把这个机器贴在你身上，就可以清楚地知道你到现在为止和多少人发生了性关系，所以请如实回答到现在为止你到底与多少人发生了性关系。"

当然，这是为了让实验参与者更加诚实地回答而设计的谎话。研究者们比较了贴机器的条件下和直接让实验参与者回答条件下的结果。在贴着所谓能测出一个人和异性发生多少次性关系的机器的条件下，与男性或女性发生性关系的异性的数量是相似的。而在直接说出结果的条件下，女性说出来的数字要远远低于男性的。

也就是说，一般情况下，女性们在回答曾与多少异性发生过性关系这个问题时，都刻意把数量减少了。当然，强求女性节制性欲的社会规范起到了重要作用。

最终结论便是，如果解决虚假作答的问题的话，男女之间的性伴侣人数并不会出现太大差异。

男性比女性更淫秽?

有人说“男性每7秒就会想象一次淫荡的事情”，而且男性在日常生活中非常喜欢把这些事情挂在嘴边。人们对这一问题虽然没有任何异议，但有些研究者即便是遇到理所当然的事情也要追根究底。而且这些研究者真的试图了解男性的淫秽思想到底是否大于女性的。

研究者分别给男女参与者发放了一个计数器，让他们在一个星期内每当出现食欲、睡意、性欲的时候便按一下计数器。通过这种方法便能够知道人们在一个星期内的各种欲望都有多少。

实验结果表明，男性想象淫秽事情的次数的确多于女性的。但更重要的是，男性不仅在性欲上，在其他吃饭、睡觉等日常生活的基本需求上同样比女性频繁。即，男性不仅对“性”有着强烈的需求，对其他基本欲望也有着比女性更多的需求。

综上所述，男性平时的性需求的确比女性更多。但不要忘记，不仅在性欲上，在吃饭、睡觉等其他基本的欲望上，男性同样有很大的需求。

女性与男性相比，性高潮概率更小?

先假设此结论成立。一般的实验结果都显示，男性经历性高潮的次数比女性的更多。这种现象被称为“性高潮差异（orgasm gap）”。

有一段时间，许多人猜测之所以出现这种现象，会不会是因为在最初的生物学上女性就比男性的性高潮概率更小呢？但是最近关于“性高潮差异”并不是起因于生物学的研究相继出现。如果“性高潮差异”真的起因于生物学，那么无论在何时何地，男性都应该比女性更经常地经历性高潮，但事实并不是这样。

研究表明，女性在不同情况下经历性高潮的频率，如一夜情时，频率为32%；与对方反复发生性关系时，频率为49%；与相爱的人做爱时，频率为79%。也就是说，女性与对方的关系越亲密，经历性高潮的频率也会更高。

与即使情感不亲密也会很容易感受到性高潮的男性不同，女性与对方关系越亲密越容易获得性高潮。也就是说，在男性和女性获得性高潮的差异方面，和对方的亲密度等外部因素也会有很大的影响。

那么为什么女性更容易从关系亲密的异性那里感受到性高潮呢？关于这个问题研究学者的解释是，女性们要到达性高潮，前戏很重要，而男性们只会在关系亲密的异性那里注意在前戏上下功夫。

男性比女性更喜欢单纯的性伴侣关系？

在一项著名的实验中，参与实验的男性和女性走向路边不特定的异性，并对他们说“和我睡一夜吧”，然后观察异性男女的反应。结果70%的男性会接受实验者的要求，而女性中没有一位接受。

通过这种实验，“男性会比女性更轻易地与异性结下单纯的性伴侣关系”的说法已被大多数人认同。但是最近这种说法也受到了挑战。

在一个与上述实验相似的实验中，也出现了男性比女性更容易接受单纯的性伴侣关系的现象；但有趣的是，如果考虑到对方的魅力度和亲密感，则结果又有所不同了。

对方即使是没有任何魅力和亲密感的人，男性也会与其形成单纯的性伴侣关系，而女性的情况则不同。在对对方完全不满意的情况下，女性不会接受这种关系，而如果感觉对方很有魅力或亲密感很高则会接受。

也就是说，女性并不是排斥单纯的性关系本身，而是需要考虑对方的特征，如果满意则会接受。以此我们可以推测，如果最初的那个实验的参与者是很有魅力的男性，女性们也可能会做出积极的回应。

研究者们称，如果考虑到“女性们不可以随便献出自己的身体”这种普遍性的社会观念，在享受单纯的性生活方面，也可以说男性和女性并没有任何差别。

你相信命中注定的爱情吗？

下面让我们了解一下对爱情的普遍信念或观念会对我们的爱情生活带来何种影响。你相信独一无二的伴侣或所谓的灵魂伴侣突然有一天会像命中注定一般出现在你面前吗？

针对爱情，普遍存在以下两种观点。第一种观点是，命中注定的爱情必然存在，而我的另一半也一定在某个地方；第二种观点是，与其等候命运，不如两个人共同努力，互相理解和适应对方，慢慢创造命运。你赞成哪种观点？

前者被称为爱情命运论观点（爱情是命中注定的），而后者被称为成长论观点（爱情是通过双方的努力形成的）。对爱情持有不同观点的人会以不同的态度对待爱情。需要注意的是，持有爱情命运论观点往往会影响恋人关系的长期发展。

研究者将焦点放在了爱情命运论观点为实体论（我们的能力或环境不大会变化）的事实上。不相信关系或人的变化可能性的人（持有实体论的人）和相信变化可能性的人（持有增量理论的人）中，前者往往会认为“无论如何努力，人（或状况）都无法改变”，所以当遇到一些问题时比后者更容易放弃，这也是前文中已经提及的。

基于该观点，研究者们认为在对待爱情方面，持有实体论的人，即相信“属于我的另一半是命中注定的”人，往往会在彼此关系遇到问题时轻易放弃和逃避。

研究者们分别调查了相信命运的人和努力维护爱情的人是如何处理爱情中面临的困难的。结果显示相信命运的人大多出现了逃避问题的倾向，而相信爱情可以经营的人会积极寻找解决问题的方法。

全面了解一个人需要很长的时间。然而，正因为爱情命运论的观点，有些人还在恋爱初期就轻易选择了放弃，错过真正属于自己的那一半。如果你是相信命运的人，就请回顾一下至今为止的恋爱经历，看看自己到底有没有过轻易放弃的经历，想想当时的判断是否是明智的。

和梦中情人在一起幸福吗?

一提到“该和什么样的人在一起”，我们就会无一例外地谈起心目中的理想伴侣。有些人心中存在一个具有特定外貌和性格的梦中情人，并且会在现实生活中努力寻找这样的人。因为他们认为，能和梦中情人在一起才谈得上获得了成功的爱情。但美好的爱情必须要以梦中情人为前提吗?

在考虑要不要和某人在一起的时候，我们会参照自己的理想伴侣做出决定吗?即，对方是否属于梦中情人类型会影响我们的好感度吗?

答案是，事实并非如此。研究者在一项研究中事先对人们的理想型伴侣进行了调查。过几个月之后，研究者让实验参与者接触符合或不符合他们理想标准的人。在与理想型对象见面的条件中，研究者按照前期的理想型对象调研资料编造了见面对象的资料并拿给实验参与者看，而与非理想型对象见面的条件中，研究者则随意编造了不符合实验参与者理想型对象的资料。

研究者随后便询问实验参与者，单从资料来看是否对即将见面的对象有好感。结果符合预期，看到对方与自己的理想型相符的资料的实验参与者表现出了更大的兴趣和好感。

随后，研究者让实验参与者与资料中的异性进行了短暂的相处，并询问他们对对方产生了多大的好感。结果，实际见面之后，实验参与者产生的好感度完全没有受到对方是否符合理想型的影响。

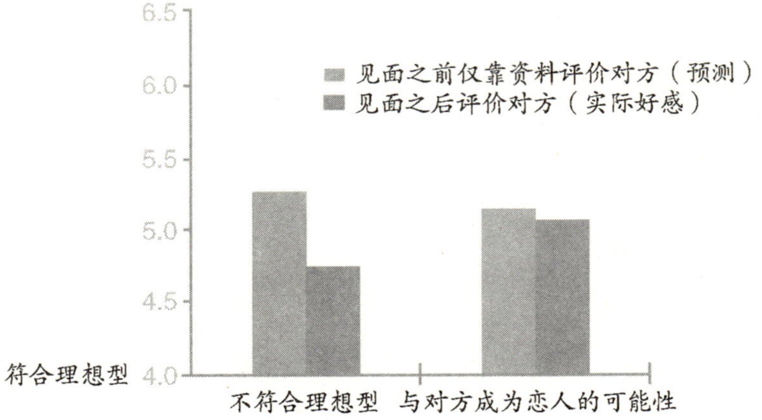

我们果真更喜欢梦中情人吗？

从图表中可以看出，仅靠资料了解对方时，人们倾向于对自己的理想型产生好感（图左）。然而，实际见面之后，对方是否符合理想型完全没有对好感度产生影响（图右中两种类型之间的魅力度几乎没有什么差异）。即，对方是否符合理想型只会在我们的“想象”中发挥作用，而在“实际状况”中并不会产生影响。

实际上，遇到理想型并不表示人们会产生更多好感。然而，理想型并非对恋人关系毫无影响。随着彼此关系的深入，理想型的影响力会变得越来越重要。这一点和我们以往所想的不同。

在实际的恋人关系中，如果对方拥有我们心目中理想型的一些特征的话，我们心里就会出现更加正面的评价。

然而，就算对方的这些特征未能达到期望值，我们也不会过于在乎。换句话说，对方只要具备我们所期望的特征，我们就会产生好感。比如，在满分是10分的情况下打分，我所期望的是9分的温暖、7分的聪明和5分的宽容，而对方的这些特征是否满足相应的分数并不重要，只要对方具备温暖、聪明、宽容等特征，我就感到满足了。

综上所述，相恋初期，对方是否符合我们的理想型伴侣条件并不重要，但随着关系的深入，情侣之间有必要做出适当的努力去成为彼此的理想恋人。成功的恋爱和婚姻的核心就在于彼此之间互相理解，共同努力经营这份感情，逐渐成为适应彼此的人。归根结底，成功爱情的秘诀并不在于一开始就遇到完美的人，而在于彼此要懂得付出足够的努力。

为了爱情的纯洁

在本章中，我们了解到了爱情中重要的因素有哪些。

“什么样的人在一起比较合适？”这个问题的答案并不是两个人有多么相似，而是两个人会多么努力地去改变自己并适应对方。另外，相近的价值观要比相近的性格更重要。我们也了解了人气或魅力度相近的人会聚在一起，即物以类聚的现象。

在“我们会被异性的哪些特征所吸引”的问题上，外貌、气味、声音等要素起到了重要作用，而对于男性来说，对穿着红色衣服的经潮期女性是最容易产生好感的。此外，饥饿和贫穷的男性通常会对有肉感的女性产生好感。“男人拥有自信心最重要”的话也被证明是有一定根据的。男性充满自信的表情，女性幸福的表情，都能吸引异性。

对于“哪些人容易坠入爱河”的问题，我们了解到，性格外向、容易幸福的人相对容易坠入爱河。而对于“在何种状况下容易坠入爱河”的问题，我们也知道了温暖的氛围、酒精、比较、异性数量有限等状况都是较为重要的要素。

至于“主要看中异性的哪些特征”或“在性欲方面男女之间是否存在差异”之类的问题，研究表明，人们在这些问题上的传统观念是存在一些误区的。总的来说，男性和女性都比较重视外貌，在性欲上存在一定的差异，但并没有人们想象的那么大。

除此之外，如果过于纠结命中注定的爱情，我们就很容在双方关系出现问题时选择放弃。是不是和梦中情人在一起在关系初期并不重要，但随着关系的深入，这一点会逐渐变得重要。

希望这些内容能够帮助读者解决心中的一些疑惑，更希望这些知识能够帮助大家在情场上收获幸福。

02 上司到底为什么会那副德行？

职场权力对关系的影响

职场是我们人生当中很重要的一部分。每天我们都要早出晚归，可以说职场生活占据了大部分日常生活。决定职场生活是否顺利的最重要的因素之一便是上司们。

接下来让我们来聊一聊和职场高层打交道时经常出现的话题：上司们到底为什么都是那副德行，这又和我们的创造性有着哪些关系，以及在上司面前我们应当怎么做，等等。

上司们不大擅长与下属共鸣

你的职场生活快乐吗？会不会有一个毫不通情达理的上司让你烦心？恐怕每个人都会因为职场烦心的上司而过着痛苦的每一天。下面我们介绍一下有关上司们为什么会如此令人讨厌的研究。

心理学将权力定义为“能够给他人带来影响的力量”。在某种关系中，如果能够按照自己的意愿官方或非官方地给予或剥夺对方的资源、机会，或者可以给予他人惩罚的话，这样的人就可认为是权力者。

一旦尝到这些权力的甜头，人们的共鸣能力（察觉和理解他人感情的能力）和观点采择能力（站在他人立场思考的能力）就会显著下降。

没有权力的人会想方设法察看有权者的脸色，试图读出他们的意图，但相反的情况却不大能成立。首先，拥有权力的人没有必要看他人的脸色。而且揣测他人立场（前文中也提到过）是一件需要投入很大精力的事情，因此只要是没有意义的事情，人们就不会费尽心思去想。由于各种原因，上司没有必要理解下属的立场，也不愿意去理解。最终，上司只可能变成一个不可理喻的人。

亚当·加林斯基（Adam Galinsky）和他的同事进行了一项研究。这项研究是在两种情况下进行的：第一种情况是让手握高权力的参与者回顾自己对他人下达指示或命令的经历，第二种情况是让手中无权力的参与者回忆得到他人命令的经历。

在实验参与者们通过这种方式逐渐产生有权者或无权者的感受之后，研究者突然对他们说：“现在马上在额头上写一个英文大写字母E！”（这是前文中提到过的实验，请参照第52页中的图片。）如此一来，在乎他人眼光的人比其他人更倾向于写出他人眼中正确的E。相反，尝到权力甜头的人（不太在乎他人感受）会画出自己眼中正确的E。

结果正如预期，在手握高权力的实验参与者中，有33%的人按照自己的方向画出了E，而在手中无权力的实验参与者中，有12%的人按照自己的方向画出了E。两者的百分比差异接近三倍。这就说明拥有权力的人比没有权力的人更倾向于无视他人的看法。

另一项实验研究了权力对共鸣能力产生的影响。研究者将各种表情展现在每一组的实验参与者（高权力VS低权力）面前，并且让实验参与者回答每一种表情表示何种感情。结果高权力组的实验参与者猜对感情的比率要低于低权力组的实验者。这就说明，得到权力之后，解读他人感情的能力就会下降。

你身边有没有完全不在乎你的感受，随心所欲地使唤你，还经常说一些伤你感情的话的上司？你是否好奇那个上司为什么会有那种举动？其中一个解释就是，一旦享受到了权力的好处，人就会变得不考虑他人的立场，不在乎他人的感情。

归根结底，这个问题要看上司的权力感有多重。如果能够发明减轻上司权力感的仪器该多好啊！

如果你本人是他人的上司，那你最好反思一下自己是不是很少为他人着想。

上司总喜欢按照自己的想法去考虑事情?

有权力的人相对于没有权力的人来讲，没有必要满足他人的需求，所以会出现按照自己的想法考虑事情的倾向。

类似于上一节中实验的另一项实验是，将实验参与者分为两组，分别充当上司和下属的角色。随后让他们完成各类任务之后对彼此进行评价。结果，充当上司角色的高权力组实验参与者出现了过低评价低权力组实验参与者成果的现象。充当上司角色的实验参与者会将下属取得的成果转移到自己身上，而这种行为是典型的“自我增强（抬高自己）”。

“成功是我的，失败是别人的”，这是为了给自己套上正面形象而出现的错误思维方式之一。我们通常都会出现这种倾向，但如果能够更加客观地评价他人的立场或作用的话，就可以在一定程度上减少这种现象。然而，对于上司来说，部下的存在并不值得他们费心，因此，上司往往会按照自己的方式对待部下，按照有利于自己的方向解读事态。

固定观念研究领域的专家苏珊·菲斯克（Susan Fiske）称，权力拥有者更容易对自己的部下产生偏见或固定观念。所谓固定观念，就是将个例一般化为一个集体的行为，并将这种观念强加给每一个人的思维方式。比如说，外地人来到首尔之后遇到了几个比较小心眼儿的首尔人，那么这些外地人就会认为“首尔人都是小心眼儿”。所谓的固定观念正是以区区几次个人经历作为根据，概化日后会发生的所有事情的观念。

这种固定观念会受到试图理解他人的动机的影响。如果对方是无关紧要的人或没必要了解的人，人们就会运用固定观念，随意给人定性。然而，如果对方是个重要的角色，人们就会慎重地了解对方。比如说“人长得凶恶，性格也必然凶恶”的固定观念会通过修正变成“虽然长得凶恶，没准内心很善良”。

然而通常来讲，权力拥有者渴望努力理解部下的动机比较低。正因为如此，在判断部下时，权力拥有者便会犯下原封不动地套用固定观念的错误。同理，上司会更容易凭借部下的一个行为或一个失误来定义部下。有没有觉得上司对你有个巨大的误会？恐怕这不是单纯的心情问题，而是一个深层的问题。

上司与部下的永恒循环链

当然，并不是所有权力拥有者或职场上司都会这么随意地对待部下。但如果你的上司是那种只顾着自己的想法的人，那么你的职场生活肯定会很艰难。那么，这些人能不能发生改变呢？答案说出来让人有些绝望，据研究称，这些人改变的可能性非常低。

通常，拥有权力的人比其他人拥有更多的物质和社会资源（金钱、机会等）。即，他们所受的约束相对较小，就算按照自己的意愿生活也不会受到惩罚。就是说，无论上司如何指责部下，甚至谩骂部下，都不会出现什么大问题。但如果部下对上司做出这种举动的话，部下是不可能安然无恙的。权力相关研究领域的著名心理学家柯尔特纳（Dacher Keltner）称，权力拥有者之所以会有这种态度，是因为他们并没有感受到任何不便，所以只要不出现其他特别的理由，就不太可能修正自己的行为，甚至这辈子都不会改变。

社会地位相对低的人若无特殊变动的话，依然会受到物质、社会资源的限制。此外，他们会继续看上司的脸色，只要上司一动怒，他们就会做出格外敏感的反应。

你今天有没有注意到部长的心情怎么样？就算记不得，我们平时不由自主地关注这些事情的概率也比较高。总之，下属们通常比权力拥有者承受着更多“恐惧”和“羞涩”等负面情绪。总的来讲，下属的生活会非常“萎缩”。

问题在于，没有权力的人长期“萎缩”的话，就会影响到正常的工作。比如说，分别让黑人学生和白人学生解答相同的问题。最开始两组学生的分数并不会出现太大差异，但只要让黑人学生注意到“你是黑人，他是白人”的情况，黑人学生的考试分数就会骤然降低。在“黑人VS白人”的权力关系中，处于相对弱势和不利位置的观念导致黑人学生开始“萎缩”，最终使得他们不能正常发挥。类似的，女学生最开始的数学成绩并不比男学生差，但是一旦透露“这些数学题对于女生来说可能更难一些”的信息，女学生的数学成绩就会瞬间下滑。

相对不利、相对弱小等观念本身就会让我们“萎缩”，进而影响正常发挥。上层的人继续保持着气势汹汹的状态，而下层的人却在不断地“萎缩”，如此一来下层的人就越来越不可能赶超上层的人，而他们滞留在下层的概率也会越来越高。

下属们的“萎缩”还会泯灭他们的挑战精神，而这是非常危险的现象。心理学家芭芭拉·弗雷德里克森（Barbara L. Fredrickson）称，当我们心情愉快时，会寻求全新的可能性和成功机会进行挑战。相反，如果处于不安或恐惧等负面情绪时，我们就会逃避全新的挑战，想方设法保持现状，采取防御型姿态。

这是因为正面的情绪会给人带来一种“所有的事情都进展顺利”的信号，而“萎缩”等负面情绪则会被解读为“有什么不对劲”的信号。因此，当心情舒畅时，我们会勇敢地挑战面前的各种机会和可能性；但心情不佳时，我们会重视问题的解决结果，并产生“不要节外生枝”的想法。

这种差异会最终影响成败的归属。不惧怕失败、不断挑战的人相比于惧怕失败、只采取防御姿势的人，更容易成功，产生幸福感的概率也更高，从而会给整个人生带来更好的结果。

如果你觉得自己陷入了上述负面循环链，那么就要仔细想一想自己是否过于“萎缩”了。当然，对于上司来说，最重要的是营造不让下属“萎缩”的良好环境。我个人认为，这是所有工作能力强、富有进取精神的员工的期望，每个公司都应当努力营造这种环境。

自恋的领袖是创造性的杀手

你具有创造性吗？如果你认为自己原本是一个富有创造精神的人，却因所属环境的缘故无法发挥自己的才华，那么你可以仔细想想你的上司是否是个自恋狂。

自恋狂一旦成为领导，该组织的创造性就会出现衰落的现象。即，上司会完全不在乎员工所具备的创造性，只会按照自己的意愿随意抹杀创造性。

自恋狂的重要特征如下：第一，无视他人；第二，别人不称赞自己就会生气；第三，认为周围的人仅仅是为了衬托自己而存在的配角。总之，这些人觉得他们是世界上最出色的人。和这种人在一起确实是非常痛苦的事情。

因为自恋狂往往会认为只有自己的创意才是最棒的，所以一旦成为一个团队的领导人，便会无情地抹杀其他成员的创意。如此一来，原本需要通过各种意见的自由讨论逐渐升华出最佳创意的过程（创造性产生的过程）便会被扼杀在摇篮中。

然而，问题在于，自恋狂往往因看起来充满自信、能力出众而更容易成为领导。曾经有这样一项研究：先让研究参与者进行自由讨论，再对每个人的领袖气质进行评分，结果自恋狂得到的分数最高——9。

平等待人、不摆架子的领袖在一个团队的建设中固然重要，但更重要的是避免将自恋狂选拔为领导人。

Talk 如果渴望创造性人才

很多公司都打出了寻找“创造性人才”的口号。然而，想要打造创造性人才，公司应当怎么做呢？学者们认为，“幸福的人”便是“创造性人才”。前文中曾经提到，正面的情绪、愉快的心情会给人带来“所有事情都进展顺利”的信号，而负面情绪会产生“有什么不对劲”的信号。因此，当心情舒畅时，我们会专注于发现和学习新事物，也就是处在扩张型思维模式中。而在心情低落时，我们便会陷入专注于发现和解决问题的狭隘思维模式。这两种模式中，哪一种有助于创造性的发挥呢？答案不言而喻，当然是寻求全新可能性的扩张型思维模式。

感到幸福、心情愉快时，我们就能够发挥更大的创造力。感到幸福的人不仅具有更高的创造性，业务成果也比其他人高。而且这类人薪水也比较高（与其说高薪水会带来幸福，不如说幸福的人能够得到更高的薪水）。幸福人群的高创造性是高薪水的重要原因之一。

“为了培养创造性人才，应当做些什么？”针对该问题，有一种答案是“让员工感到幸福”。如果你所在的公司一方面给员工施加过度的工作负担，另一方面还要求他们具有创造性的话，那你不妨要求公司先让员工过上幸福的职场生活。

在权力面前的生存方法

接下来让我们了解一下，我们平时在权力拥有者面前会呈现出何种形象。

我们属于对权力格外敏感的存在。随着权力关系的不同，我们的关注度、态度、反应都会无意识地发生变化。

看团体照时，我们会自然地先找自己。无论他人效果如何，每个人都会寻找自己在照片中的样子。然而，如果照片中有一位对我影响巨大的权力拥有者（顶头上司或导师）的话，我们就会不知不觉先从这人开始找起。寻找权力拥有者，看他们的脸色是我们本能的反应。

我们不仅能够快速找出这些权力拥有者，还能够准确地阅读他们的情绪。处于较低社会阶层的人比处于较高社会阶层的人更容易察觉对方是否在生气。当上层的人生气时，处在下层的人便会担心对方会迁怒于自己，或者担心对方是因为自己才生气的。因此，低阶层的人总能敏感地对上层人士的愤怒做出反应。

在权力拥有者面前，我们的肢体语言也会发生变化。如果面前的人采取权力拥有者一般的姿势（抬头挺胸等姿势）的话，我们就会不由自主地采取蜷缩姿势。相反，如果对方采取了蜷缩姿势，我们便会昂首挺胸。这是因为人会在潜意识间通过对方的姿势判断对方的权力是否大于自己，并根据判断做出反应。这种现象也很好地说明了我们对权力信息的敏感度。

此外，当人们采取权力拥有者一般的姿势时，比起昂首挺胸的人，会更喜欢蜷缩的人。这不禁让人联想到，人在得到权力之后天生就喜欢唯命是从的人。

人们在权力拥有者面前的反应也会出现变化。前文已经提到，我们会不知不觉地模仿面前的人做出的表情或肢体语言。这种模仿行为在职场上司等权力拥有者面前会变得格外突出。《华尔街日报》中介绍的研究称，人们会在权力拥有者微笑时，模仿对方做出类似的微笑。公司中经常能够见到那些部长笑的时候也会跟着笑的人，稍一留意就能发现这一现象。

就这样，我们在权力拥有者面前会不知不觉地做出一些反应。恐怕这是我们在生活的过程中养成的习惯。虽然这些习惯听起来有些可悲，但如果没有这些反应的话，职场生活恐怕会变得更加痛苦。所以我们在某种意义上还要感激这些反应的存在。

为了双赢的职场生活

在本章中，我们了解了上司们不讲理的原因、下属会陷入无法摆脱的循环链、自恋狂上司会抹杀员工创造性、我们在上司面前会做出的一些反应等内容。

希望这些事实能够帮助读者更好地理解上下级关系为什么会如此困难，同时也希望这些常识可以为营造公司和员工双赢（win-win）的环境提供帮助。

03 不能总顺心

出现矛盾时的内心管理法

每个人都希望事事顺心如意，但纷繁复杂的人际关系总难让人如愿。很多人会因为朋友、恋人、职场关系产生烦恼，甚至会因此做出极端的选择。接下来让我们了解一些能够在人际关系出现问题时避免自暴自弃，重新恢复良好关系的方法，以及和他人产生意见分歧时，有效说服对方的方法。需要指出的是，这些方法都是“有事实根据”的。

心理学中常见的心态管理方法

首先，让我们了解一下，当出现各种矛盾，感情受到伤害时，我们身上会发生哪些事情，以及应当如何理解和应对这些事情。

症状：睡觉时会突然惊醒，对轻微的刺激也会大吃一惊

如果我们遭遇背叛、失恋等巨大冲击的话，身体和心灵就会变得格外敏感。我们体内用以感知威胁的“雷达”会变得格外活跃，即便遇到轻微的刺激也会发出警报，让我们时时刻刻都处于觉醒的状态，使得我们在任何时候都能够及时逃跑以摆脱威胁。

通常来讲，我们在受到某种刺激或威胁时会产生“恐惧感”（把大树的影子当成人影吓一跳），而在人为排除隐患之后（发现原来是自己看错了），便会重新找回平静。

然而，如果受到严重打击的话，最后一道程序（找回平静）便会出现故障，从而使人时时刻刻都能敏锐地察觉到威胁，并持续维持痛苦和受惊的状态。即，如果认识到危险消失并找回平静的程序一旦出现故障，我们所受的打击就会一直持续下去。

恐怕这是我们的身体为了预防随时都可能出现的打击而预先做好的准备。

然而，持续紧张的状态会给身体和心灵带来沉重的负担，导致身心俱疲，所以我们要尽量找回平静。

因此，有效的方法是不断地对自我暗示“这一事件不会再对我产生危害了”，或者“这种事情以后都不会发生了”。如果旁边能有个人帮忙找回平静就更好了。

症状：身体不适

身体和心灵是一致的。心灵出现问题就容易导致身体出现病症。最常见的例子便是神经性胃炎、神经性头痛等。

然而，越是因精神压力而感到身体不适，什么都不想做的时候，就越应该主动让身体动起来。

有一项研究表明，运动不仅能够减少“当前”的压力，还能够有效预防“日后”的压力。这项研究将实验参与者分为两组，一组参与者只采取休息的方式排解压力，另一组参与者则要运动。结果发现，无论是休息还是运动，都能缓解精神压力。然而，几个小时之后，实验参与者们被要求观看恐怖的视频，这就是再一次向他们施加精神压力，结果发现，运动组的实验参与者所受到的压力要更小。即，运动更有利于精神压力的消除，尤其有利于精神压力的预防。

心情抑郁，身体不适时，出去散散步也是不错的方法。

症状：愤怒

当我们打架或蒙受冤屈时，必然会产生“愤怒”的情绪。然而，我个人认为，这种情绪的出现是值得庆幸的。

对情绪进行分类时，我们会有各种标准，其中最重要的分类标准之一便是挑战性情绪和逃避性情绪。愤怒与忧郁等情绪相比属于挑战性情绪（为了解决问题而积极维持战斗意志的情绪）。忧郁等情绪会让人逃避问题，或打退堂鼓；愤怒情绪却不同。愤怒虽然属于负面情绪，却有助于问题的解决。

我们听过不少因无法忍受愤怒而揭竿起义，改变历史的事件。

因与他人之间的矛盾产生愤怒情绪时，有人会做出报复或攻击的举动，但这些做法无疑会造成负面影响。因此将负面情绪催生的能量用于解决问题才是正确的选择。因愤怒而形成的能量可以转化成其他任何形式的正面能量，所以我们应当将其当作解决问题的推动力。

比如说，当我的愤怒对象是权力拥有者时，我会通过这种愤怒鼓起勇气提出问题，或竭力说服他人。

当然，过分被愤怒所束缚也不合适。愤怒归根结底属于负面情绪，而且属于觉醒水平较高的情绪，其本身会消耗大量能量，并伴随大量的精神压力。

应对：接受情绪

不说出心中的伤痛，而是一个人保守秘密，是对健康产生最大害处的事情。我如果遇到烦心事的话，一定会和朋友们讲。如果条件不允许，我就会想方设法用文字记录我的想法和感受。

他人给予的温暖和安慰是治愈痛苦的最佳助手。前文也提到过，对于一个刚刚丧偶的人来说，如果详细说出或写出遭受的打击和伤痛的话，他比其他人更容易恢复良好的健康状态。失去工作的人如果说出或写下自己的感受的话，也能比没有及时发泄的人更早地东山再起。

有时，单纯地接受和直面自己的状态，也是一种治愈感情创伤的良方。因为痛苦而选择逃避现实或强行抑制感情，不如直面自己的情绪更有助于减轻痛苦。有一项研究，让痛苦的人们针对自己经历的每个事件录下自己的感受和想法，并让他们听到录下的自己的声音，结果发现，这些人比其他没有这么做的人更容易减轻痛苦。

应对：丢弃想法

如果明明直面了自己的状况，也和周边的人吐露了心事，但仍然被负面想法，尤其是“我肯定做不到”等自我失败意识折磨的话，你就可以试试“丢弃想法”这一方法。

布里诺尔（Pablo Brinol）和他的同事们通过研究证明，人可以做到舍弃负面记忆或想法。在研究中，他让实验参与者回忆痛苦的事情，并将负面的想法记在纸条上，随后将纸条扔到垃圾箱中，结果发现，实验参与者们受到这些做法的影响，痛苦有所减轻。即，象征性的“丢弃”行为会对负面想法的遗忘有一定帮助。类似的，他们还让实验参与者将对自己身材的满意或不满之处写在纸条上，然后让他们将纸条丢进垃圾桶或留在桌子上。结果发现，将纸条留在桌子上的人会根据自己写下的内容对自己的身体表示满意或不满。相反，将纸条扔进垃圾箱里的人完全没有受到之前想法的影响。这项实验显示的另一个结果是，如果将纸条放进口袋里，即做出保存想法的象征性行为，人们就会在实际生活中更多地受到这些想法的影响

在和他人产生矛盾之后，如果持续受到“我到底为什么会这样”或“估计没有人会喜欢上我这种人”等负面情绪的折磨，我们就可以将这些条目列在纸条上，然后将纸条撕成碎片扔进垃圾桶。

相应的，我们还可以写下“一切会更好”或“我能做到”等正面积极的想法，将其放在口袋中随身携带。

应对：摆脱受害意识

受害意识指“毫无理由地蒙受冤屈的感觉”、“全世界对我都不公平的感觉”、“被人陷害的感觉”等等。当我们感觉自己蒙受了冤屈，就会产生这种受害意识。然而，受害意识中存在着各种各样的问题。

首先，受害意识很容易让人陷入不幸。因为受害意识往往伴随着冤屈、愤怒等负面情绪。另外，受害意识如果过于强烈，一个人就容易变得自私自利。

人一旦蒙受冤屈，便会产生“一定要得到补偿”的想法。如此一来，遭受损失的人便会变得更加自我中心化，产生一种“我至少要享受这种程度的待遇”的自恋倾向。比如说，让他人回忆一些蒙受冤屈的经历，从而暂时激活他们的受害意识，这样的人帮助他人的意愿也会减弱，变得倾向于认同“我不能一直这么受累”、“我有资格享受更多”、“不能为了别人牺牲自己”等想法。

按常理来讲，当我们遭受一些痛苦时，本应当希望别人免遭痛苦，利他性也应随之升高，但现实并没有这么美好。正因为如此，恶劣的婆媳关系会代代相传，上司的责骂会不断地传给部下员工。俗活说，“断臂的人不会去考虑断手人的痛苦”，讲的就是这个道理。

人们在遭到别人误解或被判刑时，会很容易产生冤屈感。有一份问卷调查了人们小时候有没有蒙受过冤屈，结果显示大部分男学生都提到刚进入军队时被冤枉过。可见冤屈感是多么普遍。不管怎样，当我们蒙受冤屈时，还是要尽量管理好自己的内心，不让这种情绪演变成受害意识。

最好的方法，就是多去想想那些关心我们、在乎我们的人，因为这个世界上存心伤害我们的人毕竟占少数。

在极其冤屈，痛苦得无法自拔时，如果有朋友对你说“你很棒，没关系，你做得很好”的话，受害意识就不会那么强烈了。

应对：原谅他人

前文也提到过，因讨厌一个人而形成的愤怒的情绪会消耗我们大量的能量。因此，我们最好将这些情绪当成解决问题的柴火，酣畅淋漓地烧掉。

事实上，持续的愤怒情绪很容易危害到自身的身体健康。如果一直无法宽容他人，心跳频率、血压等数值便会上升，导致精神压力的增加，就算过了一段时间，这种状态也会一直持续。而如果能够站在他人的立场考虑问题，学会原谅他人的话，我们承受的精神压力就会少得多。就算是为了身心的安宁，我们也要原谅他人。“话说回来，对方也挺可怜”之类的思维方式应该能够帮助我们体谅他人的难处。

应对：通过矛盾成长

通过矛盾，我们能够学到很多东西，但其中最重要的便是“克服困难，重新站起来的方法”。他人给予的痛苦只能通过他人的安慰才能消除；他人给予我多大帮助，我就应该报答多少——这样的观念会让我们的人生变得更加丰富多彩。

正如前文所述，无论是接受关怀还是给予关怀，我们都能够感受到巨大的幸福。和他人的矛盾同样是理解彼此关系的重要过程，只要能够以积极向上的心态面对困难，我们就可以得到进一步成长。

改变心灵的方法

人与人之间产生矛盾的最大原因是意见分歧。这种情况下，应当如何让对方理解自己的立场呢?

如果我们认为对方的想法是错误的，便极其渴望大声喊出：“你说错了！”甚至渴望到处搜集对方错误的证据，把对方逼到绝境，让对方承认错误。

实际上，这种方法很难说服对方。因为人们在坚持自己的意见时，自己的观点到底正确与否并不是很重要的事情。

人们固守自己观点的原因各种各样。有些人是自认为自己的意见正确而固执己见；但还有些人明明察觉到了自身的错误，却总是冥顽不灵，不肯承认。之所以会出现这种现象，是因为人们往往会意识到“他人的评判”。

比如说，有些人会固守那些明显有悖于一般常识甚至道德的主张，虽然那种主张是错误的，通过这种行为可以提升自身形象的事实给他们带来了巨大的动力。

不管自己的主张是否正确，他们都要通过这种主张来体现“我要让那些愚蠢的人觉醒，拯救他们”、“我是英雄”之类的想法。

如果周围的人表现出“哇，如果不是你，我们差点酿成大错啊”等反应的话，这些人会感受到自己身份的升级。即，他们会觉得自己成了一个非常有用的人。

渴望得到他人认可是人类最大的欲望之一，所以就算是通过歪门邪道，有些人也会极力渴望得到认可。而这种信念一旦形成，就很难改变了。

我们可以从他们的信息中感受到“你被骗了”、“现在觉醒也不晚”、“让我拯救你”等信息。

我们平时不太容易改变自己主张也出于相同的原因。如果轻易同意对方的意见的话，我们就感觉会被当成无能的人，而这种“担心评判的心态”会使人拒绝做出让步，不断地做斗争。所以这种在众人面前针锋相对的行为根本无法减少双方的意见分歧。

因此，学者们认为，将对方的意见与人格联系在一起的言语是不可取的。相比之下，在不伤害对方人格的条件下单纯讲“事实”通常都具有较好的效果。比如说，比起“你的吸烟无害于健康的观点是错误的，你这是胡扯”这种说法，“抽烟的人中患上各种疾病的人比正常人中的高出好几倍”这种能够反映“事实”的说法更有效。

要想成功说服对方，就不能让对方产生自己的意见受挫的意识，即不能让对方产生人格或评价受到伤害的感觉。

但是我们劝他人不要做坏事时，这种方法还是可以使用的。

比如说，比起“不要说谎”，“不要成为说谎的人”更有助于预防对方说谎。将坏行为和人格联系在一起，传达出“那种坏行为会破坏你的人格和名誉”的信息，对方就能够更加注意自己的行为了。

综上所述，为了减少意见分歧或防止某些特定行为出现而说服对方时，考虑对方的人格和评价是非常重要的，这一点我们应铭记于心。

结束语

生活说不定比想象的要容易

让我们整理一下本书所有的内容：社会性动物的含义，作为社会性动物产生的痛苦（孤独）和喜悦（爱和被爱时带来的幸福与健康），作为社会性动物享受人生的方法（维持良好人际关系的秘密与技巧），处理恋人关系及上下级关系的要点，人际关系出现矛盾时的应对方法等。我们通过多种研究和实验了解了上述内容。

人是一种只有生活在一起才能幸福和健康的社会性动物。正因为人类属于社会性动物，我们才会遇到上述各类问题。归根结底，人类是依赖爱与被爱的力量生存下去的。

在学习社会心理学的过程中，我获得的最大智慧便是，如果少了爱和被爱，人生就会变得格外困难。另外，要想使短暂的人生变得更加丰富多彩，我们就要将更多的精力投放在他人身上，而不是金钱或名誉上。

感受到这些事实之后，我们是不是觉得人生比想象的容易得多？在日常生活中，学习和工作可以适当去做，但我们要尽量和对自己来说很珍贵的人一同度过更多的快乐时光。

如果本书提到的各种已被验证的人际关系秘密和技巧（与其说是技巧，不如说是一种艺术）能够帮助我们获得更加丰富多彩的人生，我就会感到非常高兴。真心希望所有读者都能拥有幸福的人生。